北京市共建项目经费资助
"北京高等学校青年英才计划"资助，项目编号：YETP0876
北京语言大学教育教学改革项目资助，项目编号：A201304

任务型初级汉语教学：从理论到实践

郑家平　李燕　著

世界图书出版公司

北京·广州·上海·西安

图书在版编目（CIP）数据

任务型初级汉语教学：从理论到实践 / 郑家平，李燕著 . — 北京：世界图书出版公司北京公司，2016.3
ISBN 978-7-5192-0845-5

Ⅰ . ①任… Ⅱ . ①郑… ②李… Ⅲ . ①汉语—口语—对外汉语教学—教学研究
Ⅳ . ① H195.3

中国版本图书馆 CIP 数据核字 (2016) 第 044106 号

著　　者：郑家平　李　燕
责任编辑：陈晓辉
装帧设计：彭雅静

出版发行：世界图书出版公司北京公司
地　　址：北京市东城区朝内大街 137 号
邮　　编：100010
电　　话：010-64038355（发行）　　64015580（客服）　　64033507（总编室）
网　　址：http://www.wpcbj.com.cn
邮　　箱：wpcbjst@vip.163.com
销　　售：各地新华书店
印　　刷：北京建宏印刷有限公司
开　　本：787 mm × 1092 mm　1/16
印　　张：15
字　　数：220 千字
版　　次：2016 年 7 月第 1 版　　2016 年 7 月第 1 次印刷
定　　价：39.00 元

前　言

上世纪七八十年代，教育界提出了任务型教学法。这种教学法广泛应用于各类教学活动中，任务型作为语言教学法逐渐被语言教学界广泛重视，并在第二语言教学理论和实践界取得了丰硕的成果。

现在，研究者普遍认为，语言教学的根本目标就是"完成任务"。这是因为，高质量的语言交际应该包括流利性、准确性、复杂性，如果过于强调意义交流，虽然可能保证流利性，却往往以损害准确性、复杂性为代价。而第二语言学习者的注意力是有限的，如何使有意义的语言交际在高层次上进行，使流利性、准确性、复杂性有效地融为一体，这是二语学习者和研究者追求的目标。任务型教学法恰好提供了合理分配注意力的方法，即：一方面注重语言形式，聚焦结构、辨认句型；另一方面完成语言使用任务，把语言形式融入到语言行为中。完成任务使二语学习者的语言能力实现流利性、准确性、复杂性的均衡发展；同时，可自然促进语言习得向前发展，使潜在的中介语系统得以更好地建构与扩展。

任务型教学法能够有效平衡二语学习中流利性、准确性、复杂性三者之间的矛盾，同时有利于营造接近真实的课堂交际环境，增强学习趣味，因此这种新的教学方法受到了汉语教学界的重视。近年来，学界对任务型教学进行了引入和介绍（马箭飞，2000、2002；吴中伟，2004）；教学实践中，也有一些教师运用任务型教学理念指导汉语教学实践，并取得了一定的成果（王瑞峰，2007）。但总体上来说汉语教学领域仍然遵循传统的教学理念进行教学，即：以听说法为主要教学方法，教师操控课堂进行知识传授与语言操练。

从我们对相当一部分汉语教师的调查和访谈中发现，绝大多数教师了解并接受任务型教学理念，并且有相当大的热情在自己的课堂中运用任务型教学法，只是苦于大多数正在使用的汉语教材是以语法为纲编写的，课与课之间没有统一的功能项目，而且教学内容是大量缺乏内在关联的词汇和语法形式，课与课之间缺乏相关性。有的教师也尝试在使用现有教材的同时，在课堂教学中采用任务型模式，但不知如何操作，往往使任务成为教材练习形式的补充。这一问题在零起点汉语教学阶段尤为突出，任课教师不知怎样对汉语初学者开展任务型教学。

以初级阶段口语课教学为例。口语课教学在对外汉语教学中一直占有非常重要的地位，也是学生期望值最高的一门课。但是我们在实际的教学中却发现，口语课上学生参与课堂的积极性并不高，特别是初级欧美班，学生上课容易走神、聊天，很难一直集中注意力跟着教师的教学安排进行操练。

究其原因主要有以下几个方面：

（1）口语课课型特点不够突出，不吸引学生。现有的大部分口语课的教学方法与综合课等其他课型基本相同，都采用传统的 3P 模式，即展示（presentation）、练习（practice）和表达（production），未突出口语课的特点。

（2）过分注重语言形式的操练。教师教授生词、语言点及课文占了口语课堂教学的大部分时间，虽然在这个过程中教师的讲解与操练也是结合特定意义和语境的，但是很多学生仍然会感觉教学比较枯燥。

（3）口语语篇没有明确语境，缺乏真实性，学生的表达欲望未得到充分激发。即使是在自由表达阶段也规定了学生必须使用的语言形式，学生被这些要求束缚，被动地生搬硬套，注意力全在语言形式的准确性上，焦虑程度过高，很难体会到自由流利地表达自己真实想法的快乐。

（4）课堂教学中学生基本处于比较被动的地位。每节课学习哪些生词、语法是由教材和教师决定的，学生一直跟着教师的教学步骤一步步地操练这些语法形式，基本上没有时间去联系自己的现实生活，也没有时间思考关于这个话题自己最急需知道的句子是哪些，导致课后学生在真实交际中想表达一个意思但却不能激活课堂上学过的语言形式，或者检索后发现自己似乎没有学过这个表达。

正是由于目前的初级汉语教学存在着上述问题，学生的实际需要与口语课教学效果之间形成了一定的反差，从而降低了学生的表达欲望和课堂参与的积极性。如何改良传统的 3P 教学模式，突出口语教学的特点，更加关注意义的表达而不仅是语言形式的操练；如何使课堂活动更加贴近目标情景，兼顾流利性、准确性、复杂性，成为摆在我们面前的突出问题。

任务型教学法注重意义的表达，而不仅仅是语言形式的操练，通过设计贴近目标情景的任务，能使学生在课堂中运用已经具备的知识经验，以合作的方式参与到发现问题、解决问题的过程中来，成为独立、自主、高效的学习者。

本书共包含八个章节，主要探讨零起点初级汉语教学阶段的任务型教学模式和课堂操作方法。其中，前言部分简单介绍了国内汉语教学领域任务型课堂教学研究和教学实践的现状和问题；第一章是对任务型课堂中汉语学习者话题兴趣度和重要性认知情况的调查研究；第二章到第六章，通过实验研究探讨初级阶段任务型口语教学模式、方法、课堂操作环节及评估办法；第七章简单探讨了任务型初级汉语综合课教学中存在的一些问题；第八章介绍了一套纯任务型教学理念的教材《新目标汉语口语课本》。

希望这本书能为从事初级汉语教学并渴望应用任务型教学方法的教师提供一些有益的启示。

本书第一章、第三章、第四章、第七章由郑家平撰写；第五章、第六章由李燕撰写；前言、第二章、第八章由郑家平和李燕合写。

目 录

第一章 对汉语学习者话题兴趣度和重要性认知的调查研究

第一节 调查目的与意义

在"汉语国际推广"的大背景下，对外汉语教学事业蓬勃发展，海内外学习汉语的人数不断递增，教学规模日益扩大。学习者年龄、国别、职业、学习目的、汉语水平的多元化，对我们的教学提出了更高的要求。如何更快、更好地提高学习者的汉语交际能力成为摆在我们面前的突出问题。区别于传统教学法，注重在真实语言环境中运用语言的"任务型教学法"逐渐引起了对外汉语教学界广大学者的关注。

"任务型教学法"（Task-based Language Teaching）作为一种基于任务或以任务为基础的语言教学途径，它特别强调以任务的设计和完成为中心来组织和安排教学，让学生在做事情的过程中学习和使用语言。一般认为，"任务"指教师在课堂上布置让学生完成的语言活动，但这些活动不是以语言形式为中心的教学活动，而是按学生将来使用语言的需要而设计的交际活动。可见任务设计的好坏会直接影响到任务型教学法的课堂教学效果。

设计任务必然首先涉及任务话题的选择问题，好的任务话题必须要能体现学生的生活经验，反映学生的认知水平，要从学生的需要和兴趣出发，否则无法激发学生的学习积极性，学生不愿意参与任务，也就谈不上在完成任务中创造性地使用语言了，因此我们开展任务型教学，必须尊重任务型教学法"以学生为中心"的特点，在设计任务前，充分调查了解学生的需要和兴趣点，设计出学生感兴趣的任务话题，只有这样才能调动学生的学习积极性，保证任务完成的效果。

然而目前在对外汉语教学界，关于话题的选择我们却几乎没有可以借鉴的成果，很难看到有关探讨留学生感兴趣话题的论文或调查报告。教学为学生提供的话题是否贴近学生的实际，能否引起学生的兴趣，我们并未做过实际的调查。

第二节　调查设计

一、　调查背景

近年来，对外汉语教学领域越来越重视对学习者汉语交际能力的培养，因此，无论在课堂教学还是在教材编写方面，都将任务型教学理念提上了议事日程，我们希望通过任务型的理念，向学习者展示真实的汉语交际情况，也希望通过任务型的教学材料和教学方式，提升他们学习汉语的兴趣，满足学习者的学习需求。

但是在实际教学和教材编写过程中，我们发现从母语者角度出发认为重要的或有兴趣的任务型话题，与实际学习者自身感兴趣的话题往往存在很大出入。比如，中国人觉得询问对方姓名、年龄等信息很重要，可是对一些汉语学习者来说，这些信息并不重要，他们也没有兴趣知道。因此，我们在制定具体教学计划和编写教材之前，有必要就任务型话题的重要性和学习者的感兴趣程度对他们展开调查。

二、调查内容

本项调查所要考察的是汉语学习者对任务型话题的感兴趣程度及对其重要性的认知。为了保证调查内容的广泛性和准确性，我们选取了目前国内外广泛使用的四套教材（包括《新实用汉语课本》《体验汉语》《速成汉语综合课本》《发展汉语》），从中挑选出广泛使用的具有代表性的任务型话题，然后参照国家汉办颁布的《国际汉语教学通用课程大纲》，并根据汉语学习者的基本习得顺序对这些任务型话题进行了分类，最后共得到任务型话题106项。

本次调查的问卷旨在考察学习者对 106 个常用汉语话题项目的重要性认知程度和兴趣度是否一致，及学习者不同的学习背景、学习需求对重要性认知程度和兴趣度的影响。问卷设计采用等级记分法，分为五级，从一级到五级分别代表：（1）最不重要 / 最不感兴趣；（2）不太重要 / 不太感兴趣；（3）重要 / 感兴趣；（4）很重要 / 很感兴趣；（5）最重要 / 最感兴趣。我们将重点考察学生感兴趣的话题与重要性最高话题之间的相关性及差异性，同时也将考察不同背景对兴趣度及重要性认知水平的影响及差异。

三、调查对象

为了保证本次调查具有一定的信度和效度，本次调查问卷共发出 180 份，收回有效问卷 168 份。其中学习者问卷 141 份，教师问卷 27 份。我们的调查将主要考察学习环境因素、文化背景因素、职业背景因素、学习等级因素对学习者兴趣度及重要性认知的影响。基于可操作性原则，我们将上述因素进行了分类。

（一）学习环境因素

第二语言习得研究表明，语言环境对目的语习得有着重要的影响。因此，在中国的汉语学习者与在本国学习的汉语学习者，我们认为其对任务型话题的兴趣度和重要性认知应该存在着一定的差异，这种差异主要来源于母语迁移的作用。因此，我们将受调查者按学习环境因素分为目的语环境和非目的语环境两类。调查结果是，在目的语环境中共收回问卷 93 份，非目的语环境共收回问卷 48 份。我们将重点考察处于不同学习环境下的汉语学习者，其对于任务型话题的兴趣度和重要性认知的差异。

（二）文化背景因素

第二语言习得研究和跨文化研究都表明，文化背景因素对第二语言习得有重要的影响。目前，在对外汉语教学领域，有相当一部分汉字文化圈的学习者，由于其所接受的文化与中国相关，因此在习得汉语的过程中，存在着一些有利条件，如日韩学生、东南亚学生、其他国家具有华裔背景的学生。还有一部分学生其文化和语言文字与中国完全不相关，因此，其汉语习得过程与汉字文化圈的学生存在着一定的差异。我们将被调查者按照文化背景划分为"汉字文化圈"和"非汉字文化圈"，前者包括日韩等亚洲国家学生及华裔背景学生，其他学生为"非汉字文化圈"学生。

接受本次调查的汉语学习者共来自27个国家和地区。其中，汉字文化圈被试来自韩国、日本、新加坡、印尼、泰国等7个国家（注：东南亚国家绝大多数汉语学习者为华裔）；"非汉字文化圈"被试来自英国、法国、瑞典、芬兰等11个欧洲国家，美国、加拿大、巴西、智利4个美洲国家，喀麦隆等3个非洲国家，以及澳大利亚等3个亚洲国家。其中"汉字文化圈"共获得问卷85份，"非汉字文化圈"共获得问卷56份。

（三）职业背景因素

随着汉语学习的人群越来越多样化，很多具有职业背景的学习者怀揣着特定的目标走进了汉语课堂。这些人对什么样的任务型话题感兴趣，他们认为哪些话题比较重要，哪些话题可以指导他们的在华/对华工作，这些问题需要我们尽快研究。因此，本调查将考察具有职业背景因素的汉语学习者与普通学生对任务型话题的兴趣度和重要性认知的差异。

本次调查中，具有职业背景的学生问卷41份，其中包括：2位教师背景、1位公务员背景、24位公司背景、14位其他职业背景。

（四）学习等级因素

前期调查表明，不同水平的汉语学习者对任务型话题的兴趣度及重要性认知存在着一定的差异。因此，我们将学生被试划分为初级、准中级、中级三类。由于我们的调查范围较广，遍布国内外，学习背景也不尽相同，因此我们以学时等级作为划分学习者汉语水平的依据，即初级水平汉语学习者基本学时在1年以内；准中级水平汉语学习者基本学时在1—2年之间；中级水平汉语学习者学习时间在两年以上。收回的问卷中，初级水平共65份，准中级水平共45份，中级水平共31份。

综上所述，本项调查研究要考察学习环境背景、文化背景、职业背景、学时等级背景等四项因素对学习者的兴趣度及重要性认知的影响。问卷回收详情见下表1-1：

表 1-1 调查问卷回收情况统计表（份数）

学习等级	初级	65
	准中级	45
	中级	31
学习环境	国内	93
	国外	48
职业背景	职业背景	41
	学生	100
文化背景	汉字文化圈	85
	非汉字文化圈	56

四、调查方法

我们对国内汉语学习者进行了集中问卷调查，时间为 30 分钟；对国外汉语学习者的调查采取了电子邮件形式，要求限定时间内完成。受调查者根据自己的实际情况对任务型话题进行评分。

本调查为每个任务型话题的重要性和兴趣度设置了五个等级分数，从 1 分到 5 分，1 分代表最不重要或兴趣度最低，5 分代表最重要或兴趣度最高。被试根据自己的情况给问卷中的任务型话题评分。我们要考察的内容包括：学习者认为最重要的话题和最感兴趣的话题；学习者的重要性认知程度与兴趣度是否一致，得出二者一致性最高的话题；通过随机抽样，考察公司班学习者与普通来华学习者在重要性认知和兴趣度方面的异同；考察学习者与汉语教师在重要性认知和兴趣度方面的异同。

第三节　结果与讨论

一、分析方法

我们采用了相关分析法分析学习者感兴趣话题及重要性话题的相关性；采用方差分析和 T 检验等方法考察上述因素对学习者兴趣度及重要性认知的影响。

二、汉语学习者兴趣度及重要性认知的相关性分析

我们对收回的 141 份国内外留学生的调查问卷进行了统计分析，计算出 106 个话题项的得分平均数，从中找出了学生最感兴趣并认为非常重要的 20 个任务型话题，如下表 1-2：

表 1-2　汉语学习者兴趣度及重要性认知一致性最高的 20 个任务型话题

项目	任务话题	平均数
爱好	16. 谈论某人的爱好	4.2 846
看病	19. 听懂医生的问题并回答	4.088 235
食品与饮料	23. 谈论喜欢和不喜欢的食物	4.080 292
外出就餐	25. 点菜	4.284 672
	27. 谈论食物和饮料	4.080 882
货币	32. 说钱数	4.07 971
价格	35. 问答商品的价格	4.297 101
	36. 讨价	4.297 101
	37. 说出付钱方式（怎么付钱）	4.110 294
问路	46. 问路	4.302 158
	47. 给问路的人指路	4.093 525
交通工具	50. 坐出租车	4.244 604
	52. 坐飞机	4.194 245
	53. 买票	4.191 176
预定	55. 预订机票、车票等	4.194 245
	56. 预订宾馆房间	4.143 885
喜欢 / 不喜欢	62. 表达喜欢和不喜欢的情感	4.210 145
同意 / 不同意	63. 用合适的方法表达同意和不同意的态度	4.338 129
计划	64. 问答时间和日期	4.136 691
语言学习中的困难	82. 问答汉语学习中遇到的困难并说明理由	4.080 292

由表 1-2 我们可以看出，学习者感兴趣并认为重要的话题多集中于基本生活交际范畴，即能够解决日常生活需要的话题，如看病、购物、交通。其次，学习者对表达个人情感或个人经历的话题比较感兴趣，并认为比较重要，如爱好、个人喜好、计划、陈述个人学习经历等。综上所述，我们

认为，从学习者的角度来看，与生活和情感息息相关的话题学习者更感兴趣，也认为重要性更高。

三、汉语水平对学习者兴趣度及重要性认知的影响

本次调查共收回初级水平汉语学习者（一年及以内）问卷 65 份，准中级水平汉语学习者（一至两年）问卷 45 份，中级水平汉语学习者（两年以上）问卷 31 份。通过统计分析，我们得出每个等级学习者认为最重要、最感兴趣的 20 个话题，如下表 1-3：

表 1-3　不同等级学习者认为重要的话题及感兴趣的话题排序表

学习水平	重要性 top20		兴趣度 top20	
	任务话题	平均数	任务话题	平均数
初级	53. 买票	4.6	46. 问路	4.42 029
	1. 问答某人的姓名	4.574 468	25. 点菜	4.391 304
	37. 说出付钱方式	4.568 182	35. 问答商品的价格	4.376 812
	36. 讨价	4.5	36. 讨价	4.376 812
	50. 坐出租车	4.5	16. 谈论某人的爱好	4.352 941
	52. 坐飞机	4.478 261	50. 坐出租车	4.347 826
	35. 问答商品的价格	4.456 522	63. 用合适的方法表达同意和不同意的态度	4.347 826
	64. 问答时间和日期	4.456 522	62. 表达喜欢和不喜欢的情感	4.333 333
	19. 听懂医生的问题并回答	4.409 091	44. 说明换多少钱	4.318 841
	44. 说明换多少钱	4.391 304	52. 坐飞机	4.304 348
	56. 预订宾馆房间	4.377 778	27. 谈论食物和饮料	4.298 507
	25. 点菜	4.369 565	55. 预订机票、车票等	4.275 362
	46. 问路	4.369 565	53. 买票	4.268 657
	43. 说明存多少钱，取多少钱	4.369 565	64. 问答时间和日期	4.26 087
	63. 用合适的方法表达同意和不同意的态度	4.369 565	37. 说出付钱方式	4.253 731
	42. 在银行开户	4.347 826	19. 听懂医生的问题并回答	4.220 588
	57. 预订饭馆的桌子	4.347 826	3. 问答某人的国籍	4.202 899

	重要性 top20		兴趣度 top20	
初级	32. 说钱数	4.333 333	20. 问答某人身体的情况	4.202 899
	65. 问答计划	4.326 087	47. 给问路的人指路	4.202 899
	66. 提出请求	4.326 087	51. 坐火车	4.188 406
准中级	19. 听懂医生的问题并回答	4.684 211	46. 问路	4.590 909
	35. 问答商品的价格	4.684 211	63. 用合适的方法表达同意和不同意的态度	4.590 909
	46. 问路	4.684 211	23. 谈论喜欢和不喜欢的食物	4.409 091
	63. 用合适的方法表达同意和不同意的态度	4.631 579	36. 讨价	4.409 091
	25. 点菜	4.578 947	3. 问答某人的国籍	4.363 636
	32. 说钱数	4.578 947	25. 点菜	4.318 182
	64. 问答时间和日期	4.578 947	50. 坐出租车	4.318 182
	36. 讨价	4.526 316	62. 表达喜欢和不喜欢的情感	4.318 182
	62. 表达喜欢和不喜欢的情感	4.526 316	61. 投诉有问题的服务	4.285 714
	16. 谈论某人的爱好	4.473 684	16. 谈论某人的爱好	4.272 727
	23. 谈论喜欢和不喜欢的食物	4.473 684	17. 谈论某人的特长	4.272 727
	66. 提出请求	4.473 684	19. 听懂医生的问题并回答	4.272 727
	47. 给问路的人指路	4.421 053	35. 问答商品的价格	4.272 727
	103. 了解中国的传统节日	4.421 053	32. 说钱数	4.227 273
	1. 问答某人的姓名	4.409 091	53. 买票	4.227 273
	11. 说明某人的性格特点	4.368 421	47. 给问路的人指路	4.181 818
	50. 坐出租车	4.368 421	55. 预订机票、车票等	4.181 818
	3. 问答某人的国籍	4.363 636	57. 预订饭馆的桌子	4.181 818
	82. 问答汉语学习中遇到的困难并说明理由	4.333 333	64. 问答时间和日期	4.181 818
	31. 说出常见货币名称	4.315 789	66. 提出请求	4.181 818

续表

	重要性 top20		兴趣度 top20	
中级	51. 坐火车	4.25	63. 用合适的方法表达同意和不同意的态度	4.266 667
	49. 坐地铁	4.25	86. 简单谈论电影、电视	4.166 667
	50. 坐出租车	4.25	35. 问答商品的价格	4.066 667
	63. 用合适的方法表达同意和不同意的态度	4.25	16. 谈论某人的爱好	4.033 333
	19. 听懂医生的问题并回答	4.166 667	30. 谈论某个国家的饮食习惯	4.033 333
	44. 说明换多少钱（外币换人民币）	4.166 667	24. 谈论日常饮食	4
	46. 问路	4.166 667	25. 点菜	4
	43. 说明存多少钱，取多少钱	4.125	36. 讨价	4
	72. 听 / 看懂天气预报	4.125	53. 买票	4
	53. 买票	4.086 957	55. 预订机票、车票等	4
	56. 预订宾馆房间	4.083 333	62. 表达喜欢和不喜欢的情感	4
	62. 表达喜欢和不喜欢的情感	4.083 333	85. 简单谈论音乐、舞蹈	4
	25. 点菜	4.041 667	56. 预订宾馆房间	3.966 667
	48. 坐公共汽车	4.041 667	11. 说明某人的性格特点	3.933 333
	58. 办宾馆入住及退房手续	4.041 667	46. 问路	3.933 333
	47. 给问路的人指路	4	52. 坐飞机	3.933 333
	55. 预订机票、车票等	4	50. 坐出租车	3.866 667
	61. 投诉有问题的服务	4	60. 提出一些服务要求	3.866 667
	65. 问答计划	4	64. 问答时间和日期	3.866 667
	66. 提出请求	4	66. 提出请求	3.866 667

由表 1–3 可以看出，初级水平学习者认为重要和感兴趣的话题主要集中在个人信息、爱好特长、身心健康、饮食、问价购物、银行、旅游与交通、态度与情感、计划、社会交往等与生活密切相关的方面。

准中级学生认为重要和感兴趣的话题跟初级学生差不多，但是在有些话题上更加深入，例如：饮食方面除了外出就餐还关注食品饮料；旅游与交通方面增加了酒店服务；货币不仅限于说人民币的钱数，还想知道各种常见货币的名称等。

中级学生认为重要和感兴趣的话题除了上面我们提到过的，还增加了气候特点和文学艺术方面的话题，这体现了中级学生随着汉语水平的不断提高，不满足于基本的生存和生活话题，希望进行更多思想层面的话题表达。

四、职业因素对学习者对话题的兴趣度及重要性认知的影响

近年来，一些国际大公司积极拓展对华贸易，向中国派遣了大量的汉语进修人员。因些，面对特殊群体的有针对性的汉语教学逐渐受到大家的重视。如何为这一特殊群体提供有针对性、实用性强、速成的汉语教学服务是当前汉语教学领域急需解决的问题。

（一）公司学员背景

本次调查中包括 18 份公司班问卷，被试全部来自韩国 SK 集团在北京语言大学汉语速成学院的高管班，学员全部为男性，年龄在 40 岁以上，学历背景为大学本科以上，学习目的全部为工作需要，学习时间从半年到一年不等。我们拟通过对这一部分学习者的调查，为特殊目的的来华汉语教学提供指导。

（二）公司班学习者认为最重要的话题和最感兴趣的话题

根据对数据的基本分析（如下表 1-4、表 1-5），问卷中 33.3% 的话题项目学习者认为最重要，有 29.2% 的话题项目学习者最感兴趣。

表 1-4　公司班学习者对所选项目重要性认知的基本数据分析表

重要性		Frequency	Percent	Valid Percent	Cumulative Percent
Valid	最不重要	23	1.2	1.3	1.3
	不太重要	137	7.2	7.5	8.7
	重要	338	17.7	18.5	27.2
	很重要	724	37.9	39.5	66.7
	最重要	609	31.9	33.3	100.0
	Total	1831	96.0	100.0	
Missing	System	77	4.0		
Total		1908	100.0		

表 1-5　公司班学习者对所选项目的兴趣度数据分析表

兴趣度		Frequency	Percent	Valid Percent	Cumulative Percent
Valid	最不感兴趣	23	1.2	1.3	1.3
	不太感兴趣	132	6.9	7.2	8.5
	感兴趣	338	17.7	18.5	27.0
	很感兴趣	800	41.9	43.8	70.8
	最感兴趣	534	28.0	29.2	100.0
	Total	1827	95.8	100.0	
Missing	System	81	4.2		
Total		1908	100.0		

根据平均数，我们得出学习者认为最重要和最感兴趣的话题各 10 个。其中，认为最重要的 10 个话题依次是：

（1）50（4.5）：坐出租车

（2）72（4.38）：听／看懂天气预报

（3）1（4.33）：问答某人的姓名

（4）52（4.28）：坐飞机

（5）53（4.28）：买票

（6）55（4.28）：预订机票、车票等

（7）56（4.28）：预订宾馆房间

（8）57（4.28）：预订饭馆的桌子

（9）63（4.28）：用合适的方法表达同意和不同意的态度

（10）67（4.28）：征求意见

公司班学习者最感兴趣的 10 个话题依次是：

（1）50（4.39）：坐出租车

（2）57（4.33）：预订饭馆的桌子

（3）52（4.28）：坐飞机

（4）56（4.28）：预订宾馆房间

（5）65（4.28）：问答计划

（6）16（4）：谈论某人的爱好

（7）55（4.22）：预订机票、车票等

（8）49（4.17）：坐地铁

（9）53（4.17）：买票

（10）72（4.16）：听 / 看懂天气预报

由此我们可以初步看出，公司班学习者认为最重要和最感兴趣的话题是日常生活类话题，并且这些话题普遍与商务活动密切相关。在上述话题中，有 8 项内容重要性与兴趣度趋于一致。我们将通过卡方检验考察公司班学习者对 106 项话题项目重要性认知程度和兴趣度的相关性，并得出二者一致性最高的话题项目。

（三）对公司班学习者重要性认知程度和兴趣度的相关分析

我们对 18 位公司班被试对问卷给出的 106 项话题项目的重要性认知程度和兴趣度进行了卡方检验。考虑到小样本（＜30）的特殊性，我们采用了似然比卡方检验（Likelihood Ratio），以 0.05 为显著性标准。检验结果显示，除话题项目 11、12、29、94、97 显著性＞0.05 以外，其他项目显著性均小于 0.05，可见，公司班被试对本次调查中所选话题项目的重要性认知程度和兴趣度有很强的相关关系，这说明，被试对认为重要的话题项目同样感兴趣。

我们以 0.01 为显著性标准，参照频率统计，得出被试认为最重要和最感兴趣一致性最高的话题项目 Top20，如下表 1-6：

表 1-6　公司班被试认为最重要和最感兴趣一致性最高的 20 个话题

序号	话题项目编号	话题项目	频率（%）	显著性
1	25	点菜	56.25	0.008
2	35	问答商品的价格	52.94	0.004
3	50	坐出租车	50	0.007
4	71	简单地描述天气（冷 / 热 / 凉 / 暖）	47.06	0.000

续表

序号	话题项目编号	话题项目	频率（%）	显著性
5	103	了解中国的传统节日	47.06	0.002
6	46	问路	44.44	0.010
7	53	买票	44.44	0.000
8	55	预订机票、车票等	44.44	0.000
9	57	预订饭馆的桌子	44.44	0.007
10	81	简单说出自然灾害的名称	41.18	0.000
11	95	说明中国地图	41.18	0.021
12	104	了解中国的民俗文化、成语故事	41.18	0.007
13	15	问答某人的工作经历	41.18	0.000
14	27	谈论食物和饮料	41.18	0.000
15	7	问答两个人的关系	41.18	0.000
16	49	坐地铁	38.89	0.001
17	52	坐飞机	38.89	0.001
18	33	说出常见商品名称	35.29	0.010
19	58	办旅馆入住及退房手续	35.29	0.000
20	51	坐火车	33.33	0.000

由表 1-6 我们可以看出，公司班被试认为最重要和最感兴趣的话题主要集中在日常交际的吃、住、行等方面，如项目 25、35、50、46、53、55、57、27、49、52、33、58、51；此外，他们对涉及中国国情、文化方面的中国地理、民俗、成语等方面的重视程度和兴趣度也相当高，如项目 71、103、81、95、104；涉及商务和工作方面，只包括 7 和 15，分别是谈论人与人之间的关系和介绍工作经历。

（四）公司班汉语学习者与普通来华汉语学习者在重要性认知程度和兴趣度方面的异同

为了考察公司班学习者与普通来华汉语学习者对话题项目重要性认知程度和兴趣度方面的异同，我们在所有被试中随机选取了 18 份普通来华学习者问卷，其中包括 10 份初级汉语学习者问卷，8 份准中级汉语学习者问卷。

1. 公司班学习者与普通来华学习者在重要性认知程度方面的差异

为了考察公司班学习者与普通来华学习者在重要性认知程度方面的差异，我们对二者进行了方差分析，以 0.05 为显著性标准，结果显示：$p < 0.05$，两组之间存在着显著性差异。根据图 1-1 显示，普通来华学习者对话题项目重要性认知程度的平均值明显低于公司班学习者，前者为 3.72，后者为 3.96。

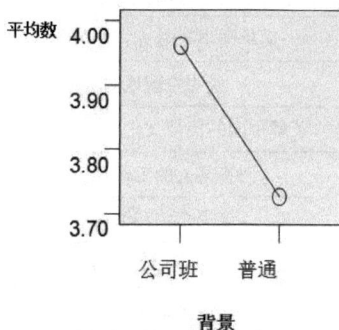

图1-1　公司班被试与普通来华学习者重要性认知程度差异图

2. 公司班学习者与普通来华汉语学习者在兴趣度方面的差异

为了考察公司班学习者与普通来华学习者对话题项目兴趣度的差异，我们对二者进行了方差分析，以 0.05 为显著性标准，结果显示：$p < 0.05$，两组之间存在着显著性差异。普通来华学习者对话题项目兴趣度的平均值明显低于公司班学习者，前者为 3.61，后者为 3.93。

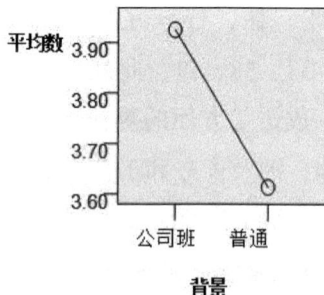

图1-2　公司班被试与普通来华学习者兴趣度差异图

3. 公司班学习者和普通来华汉语学习者对话题项目重要性认知程度和兴趣度一致性最高的话题项目

我们对 18 位普通来华汉语学习者对问卷给出的 106 项话题项目的重要

性认知程度和兴趣度进行了卡方检验。考虑到小样本（＜30）的特殊性，我们采用了似然比卡方检验（Likelihood Ratio），以 0.05 为显著性标准。检验结果显示，除话题项目 1、9、13、17、18、19、20、25、31、38、42、43、44、46、52、53、55、56、57、73、78、80、84、85、86、88、89、91、92、93、95、98、100、101、104、105 显著性 ＞ 0.05 以外，其他项目显著性均小于 0.05。可见，普通来华汉语学习者被试对本次调查中所选话题项目的重要性认知程度和兴趣度也有较强的相关关系。

我们以 0.01 为显著性标准，参照频率统计，得出普通来华汉语学习者被试认为最重要和最感兴趣一致性最高的话题项目 31 项，如下表 1–7：

表 1–7 普通来华汉语学习者对话题项目重要性认知程度与兴趣度一致的话题

序号	话题项目编号	话题项目	频率（%）	显著性
1	37	说出付款方式	61.11	0.000
2	50	坐出租车	61.11	0.001
3	64	问答时间和日期	55.56	0.009
4	82	问答汉语学习中遇到的困难并说明理由	50	0.002
5	27	谈论食物和饮料	50	0.000
6	26	问答做菜的材料	47.06	0.008
7	16	谈论某人的爱好	44.44	0.000
8	34	了解商品型号和尺码	44.44	0.003
9	47	给问路的人指路	44.44	0.002
10	63	用合适的方法表达同意和不同意的态度	44.44	0.001
11	58	办宾馆入住及退房手续	44.44	0.000
12	67	征求建议	44.44	0.002
13	68	提出建议	44.44	0.001
14	41	说明退货/换货的原因	41.18	0.003
15	49	坐地铁	38.89	0.005
16	51	坐火车	38.89	0.001
17	60	提出一些服务要求	38.89	0.004
18	66	提出请求	38.89	0.000
19	33	说出常见商品名称	35.29	0.002
20	48	坐公共汽车	35.29	0.002

序号	话题项目编号	话题项目	频率（%）	显著性
21	4	问答某人所说的语言	33.33	0.002
22	7	问答两个人的关系	33.33	0.000
23	12	比较两个人性格的不同	33.33	0.001
24	15	问答某人的工作经历	33.33	0.003
25	59	办出入境手续	33.33	0.009
26	65	问答计划	33.33	0.008
27	24	谈论日常饮食	27.78	0.01
28	39	谈论材料和质量	27.78	0.03
29	97	说出自己的国家和主要城市的名称	27.78	0.01
30	103	了解中国的传统节日	27.78	0.006
31	99	说出本国的经济情况	22.22	0.001

通过分析我们发现，普通来华汉语学习者认为重要和感兴趣的话题较公司班学习者更为广泛也更加深入，生活方面涉及到更多细节性问题，如：39 谈论材料的质量，41 说明退货、换货原因，等等；国情文化方面，他们不仅关注中国，也关注自身国家的情况，如：97 说出自己的国家和主要城市的名称，99 说出本国的经济情况。

我们将公司班学习者与普通来华汉语学习者进行比较，总结出二者都认为最重要并最感兴趣的话题 9 个，如下表 1-8：

表 1-8 公司班学习者与普通来华汉语学习者都认为
最重要和最感兴趣的 9 个话题

序号	话题项目序号	话题
1	7	问答两个人的关系
2	15	问答某人的工作经历
3	27	谈论食物和饮料
4	33	说出常见商品名称
5	49	坐地铁
6	50	坐出租汽车
7	51	坐火车
8	58	办宾馆入住及退房手续
9	103	了解中国的传统节日

从表 1-8 我们可以看出，公司班学习者与普通来华汉语学习者共同感兴趣的话题项目有 49、50、51、58 四项，集中在出行或旅行，7、15 两项涉及到工作和日常交际，有一项涉及中国文化。

（五）公司班汉语学习者与汉语教师在重要性认知程度上的异同分析

我们从所有海内外汉语教师问卷中随机抽取了 15 份问卷，考察公司班学习者与汉语教师对话题项目重要性认知程度上的差异。我们对两组进行了卡方检验，以 0.05 为显著性水平，两组在话题项目 2、5、8、13、19、22、25、28、29、32、34、40、43、60、61、71、72、73、74、77、79、80、81、82、83、85、86、87、94、95、96、97、98、99、100、101、102、106共 38 个话题项目上的 P 值小于 0.05，说明在这些话题项目上，两组存在着显著的相关性。而其他项目相关性不显著。根据频率统计及相关显著性 P < 0.05 的标准，我们得出公司班学习者与汉语教师共同认为最重要的话题项目有 5 个，分别是 60、61、74、81、95。由此可见，汉语教师认为最重要的话题项目与公司班汉语学习者认为最重要的话题项目存在比较大的差异。

五、讨论

根据上述的统计分析，我们能够得出如下几个结论：

（1）无论是普通来华汉语学习者还是具有特殊学习目的的公司班汉语学习者，对认为重要的话题往往也感兴趣，即学习者对话题重要性认知和兴趣度基本一致。

（2）汉语学习者认为重要且感兴趣的话题多集中于与日常生活和情感表达息息相关的话题。

（3）公司班汉语学习者与普通汉语学习者对 106 项话题项目的重要性认知程度和兴趣度存在着较为显著的差异，公司班汉语学习者的重要性认知程度和兴趣度都明显高于普通汉语学习者，但普通汉语学习者对 106 项话题项目的重视范围和兴趣范围较公司班学习者更大。

（4）公司班汉语学习者与汉语教师对 106 项话题项目的重要性认知程度差异较大。由此说明，教师认为重要的并且学习者可能会感兴趣的话题，学习者并不一定认为重要，也并不一定感兴趣，这将为我们编写教材选择话题和组织任务型教学提供借鉴。

　　根据本次调查，综合考察汉语学习者感兴趣话题和认为重要性程度较高的话题，结合访谈，我们得出 10 类用于指导教材编写和教学实践的任务型话题，见下表 1-9：

表 1-9　汉语学习者感兴趣并认为重要性程度高的 10 类任务型话题

序号	任务型话题	子话题
1	个人信息	姓名、年龄、出生地、电话、地址、联系方式、家庭、学习生活、工作生活、职业、邻里关系、爱好、文化程度、家乡
2	社会交往	打招呼、问候、寒暄、介绍、感谢、告别、邀请、拒绝、拜访、请求、建议、通知、允许、帮助、沟通、调解、祝福、聚会
3	日常生活	作息、起居、上学、功能工作、打电话、看电视、上网、体育活动、保健、就医、问路、做家务、购物、生活必需品、外出就餐、饮食习惯
4	旅游交通	时间、数字、旅馆、时刻表、问路、看地图、交通标记、交通工具、方向、距离、规定
5	情感态度	喜欢、不喜欢、高兴、不高兴、同意、不同意、满意、不满意、能够、不能够、可能、不可能、表扬、鼓励、感谢、遗憾、反感、害怕、幽默、怀疑、惊奇、抱怨
6	学校生活	知识、学科、学校称谓、学习方法、课程、成绩、课堂用语、奖励、开学 / 毕业典礼、师生关系、交朋友
7	身心健康	健康、运动、食物、饮食习惯、过敏经历、个人卫生、中西医、健康的生活态度、良好的人际关系
8	家庭生活	家庭结构、家庭成员、家庭称谓、家庭活动、家庭计划、家庭财务管理、家长同子女的沟通与理解
9	计划未来	意愿与打算、希望和梦想
10	习俗	年龄、收入、婚姻状况、家庭状况、带有文化色彩的颜色和数字、不同文化中的禁忌

第二章　初级汉语口语任务型课堂教学模式研究

任务型教学理念是近年来汉语教学领域广泛讨论和关注的问题，但课堂教学实践中，仍存在着任务型教学环节不明晰，任务仅作为练习补充等现象。究其原因，我们认为，困扰教师和研究者的首要问题是如何处理好任务、交际与语法教学的关系。因此，本研究通过为期一学期的教学实验，探讨适合汉语的任务型课堂教学模式，并重点讨论适合任务型课堂教学模式的语法教学方法，及其对促进学习者汉语习得的作用。

第一节　选题

一、解题

上世纪七八十年代，教育界提出了任务型教学理念，这种理念被引入到第二语言教学中，由于其符合语言交际性的本质，因此很快受到教、学双方的广泛欢迎。但是，由于其过分强调交际，于是产生了意义与形式的冲突，在教学中则体现为语法教学的地位和教学方法备受争议。以 Krashen（1982）为代表的研究者认为，对语言形式的关注只是一种显性的教学行为，并不能促进无意识的语言习得；相反，语言中的交流互动对于语言习得来说是必要而且至关重要的。而以 Vygotsky 为代表的"社会语言学"理论则认为，即使在任务型课堂中,语言形式教学也应该处于比较核心的地位。Loschky（1989）的实证研究也表明，虽然特定语言形式并不是成功完成任务的关键，但是它们可以协助学习者更加自然流畅地完成任务，从而促进学习者语言使用流利性与准确性的有机统一。

汉语教学领域引入任务型教学理念的时间较晚，对任务型教学做了一定的介绍和教学研究（马箭飞，2001、2002；吴中伟，2004；王瑞峰，2007），但相关的实证研究和细微的课堂研究仍相对缺乏；并且强调语法结构为纲的传统教学方法与任务型教学强调交际互动的理念存在着比较大的冲突。因此，本研究将从初级汉语口语课堂入手，探讨适合汉语教学的任务型教学模式，并重点探讨适合任务型汉语教学模式的语法教学方法。

二、研究意义

关于对外汉语教学模式，目前较有代表性的有马箭飞提出的以"交际任务"为基础的汉语短期教学模式，刘珣等学者倡导的"结构—功能—文化"相结合的教学模式等。这些教学模式同时指导着从教学设计、教材编写到课堂教学、教学评估等多方面，我们认为属于宏观教学模式；而目前对外汉语教学领域尚缺乏对单独的课堂教学模式，即微观教学模式的研究，也缺少一套行之有效的具有汉语特色的教学方法。而随着第二语言习得研究和第二语言教学研究的深入，人们发现，任何一种单独的教学法都不能完全适应目前学习者要求速成、实用的特点，人们正试图将各种教学法的长处融合起来，进而为我所用。因此，本研究以任务型教学模式为题，希望可以为建构对外汉语课堂教学的微观教学模式和适合汉语第二语言课堂的教学法提供一些启示。

第二节　研究设计

一、理论背景

（一）教与学的矛盾

第二语言习得研究理论认为，语言学习者所缺乏的不是陈述性的语言知识，而是如何将这些陈述性知识转化为程序性知识的自动化过程，是如何将可理解性输入转化为自己的语言吸纳（intake）的过程。因此，语言习得的过程性启示第二语言教学者，教学过程应该提供给学习者更多的分析、对比、观察、假设的机会，辅助学习者进行过程性的习得。

传统语言教学不重视习得过程，只重视"教"的过程和"教"的结果。而任务型教学强调的是如何促进和完善学习者的习得过程。因此，它能够更好地激发学习者学习和交流的兴趣，同时也有利于课堂任务向真实交际环境的迁移。

（二）形式与意义的矛盾

随着交际法和任务型教学法的盛行，第二语言教学开始抛弃传统的以语法结构为纲的教学模式，强调功能意义在教学中的重要地位。

但是，近年来很多第二语言习得和教学研究证实：第二语言教学如果一味强调经验式的语义交流，而不注重语言形式的使用和操练的话，虽然短期内可以带动语言互动，但其将以牺牲语言使用的准确性为代价。问题主要表现在：学习者只注重沟通意义，而表述错误过多；中介语过程拉得很长，甚至达到一定阶段后停滞不前，出现化石化，使学习者的语言表达能力无法提高或接近母语者。而近20年的第二语言习得研究不断证实，第二语言习得，尤其是成人的习得，必须通过一定程度的语言形式强化输入和练习，有意识地提高对语言规则的认识。因此我们认为，在任务型教学中，语法能力仍然是培养学习者语言交际能力的基础。

二、研究问题

（一）研究目标

Skehan（1998）认为，语言运用的目标有三个方面：流利性、准确性和复杂性，语言的流利性与语言的意义相关，而语言的准确性和复杂性与语言形式的使用相关，这三方面因素综合反映了学习者语言能力的增长和有效使用语言的能力。因此，本研究希望通过教学实验，建构出一种能够有效平衡汉语教学形式与意义之间的矛盾，综合提升学习者汉语使用准确性与流利度的教学模式。

（二）主要研究问题

围绕任务型教学与传统听说教学的差异，我们提出了一系列以任务主题为中心的教学方法。根据教学实际情况和实验目标，我们将之归纳为：任务前活动、任务中活动和任务后活动三大类，我们将考察这些任务活动对提升学习者课堂参与度、提升学习趣味、提高其汉语口语运用能力的作用。

（三）对研究问题的操作性定义

目前，很多基于英语的第二语言习得研究和任务型教学研究发现，注重语言形式的语言教学方法（form focused instruction）能够很好地平衡形式与意义的矛盾，从而达到促进学习者语言使用准确性和流利性相统一的目的。因此，我们将这种注重语言形式的语法教学方法引入汉语口语任务型课堂中，考察这种教学方法对促进学习者汉语使用准确性和流利度的作用。

基于可操作性原则，我们将学习者汉语使用准确性操作性定义为在口头报告中使用目标语言形式的相对正确率（正确使用目标形式句子数 / 句子总数），将汉语使用流利度操作性定义为在口头报告中，学习者在单位时间内输出的语法基本正确的句子数量。

三、研究起点

研究对象为北京语言大学班两个平行的零起点教学班，一个班为实验组，另一个班为控制组。根据分班考试结果，学习者全部为零起点汉语学习者，因此我们可以认为实验组和控制组学习者前测水平一致。按照学习者的母语背景，两个班均为随机分班的欧美亚洲混合班，每个班有 18 个学生，期间由于部分被试流失，参加后测的学习者实验组和控制组各 16 人。由于期中、期末考试和社会实践等客观教学安排，两组学习者接受实验测试的时间大约为 16 个星期。按照口语课的教学安排，周学时为 4 课时，4 课时完成一课，相当于一个任务型话题。

实验组接受本研究提出的任务型汉语课堂教学模式，即以任务主题为主线，围绕任务主题完成一系列循序渐进、螺旋上升的任务活动，在完成活动的过程中，学习并强化相关词汇、语言形式、获得相关的语言和认知技能，从而帮助学习者综合提升其某一情境下的汉语使用能力。

控制组采用传统 3P 教学方法，遵循"引入／复习—生词—课文—语法—口头练习"的教学环节，即：第 1—2 课时，按照上述模式处理第一部分课文及练习，第 3—4 课时，处理第二部分课文及练习；或者第 1—2 课时，处理生词及于语法点，第 3—4 课时，处理课文及相关练习。

实验实施者为两位汉语教师，分别担任实验组和控制组的口语课（4 课时）。基于可操作性原则，两位老师使用相同的教学材料和口头测试材料，课时安排保持一致，从而尽量减少由于教材等客观因素造成的差异。实验组和控制组接受相同的测量方法。

四、研究材料

根据关于任务型话题的前期调查和实际教学需要，我们选取了 15 组任务型话题编写教学材料。实验组和控制组使用相同的口语教学内容，二者的差异是：实验组使用的教学材料按照任务型教学模式编排，控制组的教学材料按照传统教材"生词—课文—语法—练习"模式编排（详见第三节"任务型教学材料"）。

五、评估及测量方法

本研究属于口语教学实验研究，因此，我们将通过教学观察、口头测试、问卷调查、教师访谈、教材分析等多种方式对教和学的过程进行测量和评估。

（一）教学观察

由于本研究为教学实验，因此实验者采用了教学观察的方法记录学习者的学习历程。教学观察主要采用行动研究的方法，包括课堂观察、录音及课后反思。记录的信息包括学习者的出勤情况、学习者参与课堂互动的情况、课堂上的教师反馈情况及课堂中的特殊情况等。后期研究者将根据这些记录整理出行动研究报告，以分析实验组和控制组的差异。

（二）口头测试

1. 口头测试形式

由于本研究实验对象的母语背景差异等原因，为了控制汉字认读对测试结果的影响，我们选取学习者口头报告成绩作为测量工具。根据实验需要，在征得学习者同意的前提下，我们对实验组和控制组的口头测试进行了录音，教师通过录音分析学习者汉语使用正确性和流利性的数据，并进行教学反思。

根据教学安排和可操作性原则，我们以四个星期为一个教学阶段，每个教学阶段结束时，安排一次口头测试，共 4 次口头测试。采用的主要方法是学习者口头报告。根据对各个教学阶段录音材料的分析和总结，教师事先挑选本教学阶段具有代表性的任务型话题和语言形式，组织测试题目（参见附录一"任务型口头测试题举例"）。学习者根据任务型话题，可选择使用相关语言形式完成交际任务，然后教师进行点评，并针对学习者汉语使用偏误提供澄清式反馈。

2. 汉语使用正确率的测量方法

我们将学习者汉语使用正确性操作性定义为实验组和控制组学习者使用目标语言形式的相对正确率。相对正确率采用的是相对频率法，"正确使用相对频率法是为了解决语料分布不均，且样本容量小、无法进行等量随机抽样的问题，从而使数据具有可比性"（施家炜，1998）。该算法可建立在如下假设的基础上：在本研究所获得的语料中，相对正确率越高，则学习者正确使用目标形式的频率越高，反之越低。方法是：学习者在某次测试中使用语言形式的正确率＝学习者在某次测试中正确使用语言形式的句子数 / 某次测试中该组所有学习者话语句子数的总和。为提高测量准确性，在测试中，学习者正确使用某语言形式多次，我们只记作正确使用一次；同理，学习者错误使用某语言形式多次，我们也只记作一次。

（三）问卷调查设计

为了保证本次教学实验的科学性和针对性，我们在选择任务型话题之初进行了一次问卷调查，考察学习者感兴趣和觉得重要的任务型话题。为了调查实验组学习者对新教学模式的主观评价及对自己学习效果的满意度，我们对学习者进行了两次问卷调查，采用开放式的问卷。第一次问卷调查在学期初语音阶段以后（教学约一个星期以后），主要调查学习者的基本情况和学习动机、学习需求等个人情况，并重点调查学习者对自己目前汉语水平的评价以及对本学期学习结果的期待水平；后测以后（第四次测试之后）、期末考试以前，进行第二次问卷调查，考察学习者对这种新教学模式的评价，以及对自己现有汉语水平的主观评价。

（四）访谈设计

学期结束后，我们选取了实验组和控制组各两名在四次口头测试中表现比较好的学习者，与实验者分别进行了一对一访谈。时间均为 30 分钟左右。访谈内容围绕新教学模式展开，包括课堂教学环节、教学方法、教学材料等细节问题。我们希望以此作为进一步完善实验结果的依据。

（五）教材分析

我们对多部在国内外广泛使用的汉语教材进行了分析，以发现教材中广泛采用的任务型话题。同时我们也对几套广受好评的任务型英语教材进行了分析，以作为任务型教学材料和课堂教学环节的依据。

第三节　任务型教学材料

一、任务型教学材料编写的背景

随着任务型教学理念在第二语言教学领域的推广，教学设计者和一线教师都急需一套真正的任务型教学材料，并希望借此向学习者展示真实的语言交际情况，从而达到提升学习兴趣、满足学习需求的目的。

但是，教学研究者通过课堂观察发现，从母语者角度出发得出的任务型话题，与学习者真正的学习需求相差甚远，主要表现在学习者的兴趣度和重要性认知程度两方面。比如，在介绍日期时，大部分教材选择了生日作为交际话题，但通过对学生的调查我们发现，大部分留学生认为生日是个人的隐私，并且大部分人不想讨论生日礼物的话题。

因此，我们认为，在制定教学计划和编写教材之前，我们有必要从学习者的角度出发进行调查研究，找出他们感兴趣的话题和认为重要的话题。

二、任务型教学材料内容

我们进行了基于学习者对话题兴趣度的调查，以及学习者对话题重要性认知程度的调查，共计两项，选取话题时重点参照了《国际汉语教学通用课程大纲》《发展汉语》和《新实用汉语课本》等教材。最终我们得出了 106 项常见的任务型话题，并重点考察了不同等级汉语学习者的情况。

三、调查对象

我们考察的对象包括如下几个方面：
（1）学习环境因素，即母语的迁移作用；
（2）学时等级；
（3）文化背景因素：文化背景因素与地域相关，我们将学习者划分为汉字文化圈和非汉字文化圈；
（4）教师个人因素。

四、调查结果

我们共得到海内外问卷 141 分，通过平均数分析，从 106 个话题中，找出学习者感兴趣的或认为重要的话题，如下表 2-1：

表 2-1　汉语学习者兴趣度及重要性认知一致性最高的 20 个任务型话题

项目	任务话题	平均数
爱好	16. 谈论某人的爱好	4.2 846
看病	19. 听懂医生的问题并回答	4.088 235
食品与饮料	23. 谈论喜欢和不喜欢的食物	4.080 292
外出就餐	25. 点菜	4.284 672
	27. 谈论食物和饮料	4.080 882
货币	32. 说钱数	4.07 971

到真实交际中去的能力（温晓红，2008）。

二、任务型课堂教学的基本要素

任务型教学的目标决定了任务型的课堂教学需要具备六大基本要素。

（1）要具备一定的交际话题。Long（1985）指出，"任务"是人们的日常生活中不断反复出现的各种活动。而课堂中的任务应该参照这些外界的真实交际功能和活动而设计。

例1 汉语教学第一课的话题通常是简单问候和自我介绍。任务型课堂中可以让学习者通过互动交流制作简单的班级同学录，要求记录对方的姓氏、名字和国籍等信息。

（2）任务活动应以理解为基础，反映一定的内容和意义。

传统教学方法往往采用实物、动作演示或看图说话等方法诱导学生使用一定的语法结构和句式进行表达，这样做不仅缺乏互动性，而且缺少交际的真实性，难以激发学习者的学习积极性。而任务型教学所设置的任务活动都要具备一定的交际内容和交际意义，学习者需要在理解任务活动给定的材料和规则后才能完成任务。

（3）任务都应具备明确的任务目标。任务型教学强调在用中学、做中学、在使用中学，因此使用就是一系列任务活动的目标和结果。而每项任务的完成，都意味着一个实际问题的解决。

（4）互动式的课堂交际方式。任务型教学强调将课堂营造成为接近真实情境的场所，而各种师生、生生互动方式有助于课堂上的意义协商，能够协助营造出这些准真实情境，同时也有利于增加学习者的开口率。

（5）任务活动的完成体现程序性。教师在设计任务活动时制造一系列的信息、推理或观点上的差异，促使学生在完成任务的过程中积极交换意见、传递和发现新信息，而这个过程是循序渐进的。

例2 在讨论气候和天气这一话题时，教师要求学习者通过采访，找到与自己国家气候特点一致的国家。按照任务活动的程序，学习者首先要了解并介绍清楚本国气候特点，然后通过采访了解其他国家的特点，最后通过比较和讨论，找出跟自己国家气候特点一致的国家，完成任务。

（6）任务型教学要有明确的评估目标。任务型课堂教学的评估目标非常广泛，几乎涵盖上述五大要素，既要评估学习者对话题内容的熟悉度、对输入材料的理解情况，还要评估学习者话语输出的准确性、语言的难度和流利程度，以及认知、学习策略的运用和对文化背景的把握等。

三、任务型课堂教学的主要特点

从上述六项要素我们不难看出，任务型课堂教学的鲜明特点是以"学"为中心，体现了学习者的创造性和习得过程的独立性。因此，课堂教学表现为以学习者"学"的过程为中心，以师生、生生互动为形式，以日常生活的真实情境为课堂活动的依据，旨在综合提高学习者的语言交际能力，培养他们运用第二语言思考和解决问题的认知能力。

四、任务型教学的课堂操作步骤

根据任务型教学的目标和主要特点，任务型教学从任务设计开始，到任务完成过程，直至任务评估的整个课堂操作步骤，都应注重差异性和过程性，并以此来培养学习者的第二语言使用能力和运用语言的认知能力。

（一）教学任务的设计

根据 Willis（1996）的研究，第二语言课堂中的任务设计应该体现差异原则，符合语言认知规律。为了考查任务内容的设计理念，我们选取了在世界范围内广泛使用并深受好评的的英语任务型教材——*Go For It* 和《剑桥国际英语教程》进行分析。结果显示，两套教材的任务设计方式大致可分为五大类别：

（1）头脑风暴（Brain Storm）：用于列出相关项目，主要用于词汇和文化点滴类任务。

例3 在介绍人物姓名的任务活动中，教师给学习者提供目的语中广受欢迎的男女姓名，然后要求学习者之间通过头脑风暴的形式，讨论并补充出其他一些常用的人物名字。这样做同时也为学习者提供了目的语环境中的文化点滴。

（2）排列整理：对材料给出的项目进行初步的逻辑分类、排列、整理，主要用于词汇和文化点滴类任务。

例4教师向学习者提供若干表示运动的图片及其名称，要求学习者根据运动的强度，将这些运动方式分为剧烈运动和舒缓运动两类，并用一定的形容词描述这些运动的感觉。学习者首先要通过讨论和分析，对这些运动进行分类整理，然后要在表示感觉的形容词中进行选择，从而完成任务。

（3）对比分析：对排列整理后的项目进行对比，分析彼此异同，主要用于句式类任务。

例5教师提供一系列描述人物性格和外貌特征的词汇，要求学生介绍某一人物的基本信息。学习者要在介绍姓名、国籍、性格和外貌特征的过程中，选择"是"和"很"完成表述，这就需要对名词、动词和形容词的特征和语义进行对比分析。

（4）解决问题：根据任务提出假设、分析比较、解决问题、进行评估，多为综合型任务。

例6教师要求学生找到班里学习最努力的同学，并调查他们的学习动机。在进行调查之前，学习者首先要根据任务要求和自己的经验形成假设，然后通过调查访谈分析比较自己的假设，最终形成自己的结论。

（5）分享经验：就某一话题与他人分享个人的经验、观点，进行讨论和交流，多为综合型任务。

例7任务要求学习者跟同伴分享自己的旅行经验，然后由同伴来介绍。

由上述分析我们可以看出，任务型教学中，任务的设计以主题为主导，围绕主题设计出一系列任务活动、围绕任务活动设计相关的词汇和句式、可能用的语言和认知技能，从而达到综合提升某一情境下使用第二语言进行交际的能力。

（二）任务型教学的课堂操作步骤

结合对上述两种英语任务型教材的分析和我们进行的任务型口语教学实验，我们得出了任务型汉语课堂教学的五个操作步骤：

步骤一：　导入阶段。教师首先设置与任务场景相关的引导性练习，引入任务话题，同时介绍一些关键词汇或文化背景，以帮助学习者完成任务。

步骤二：控制性任务阶段。在这一阶段给学习者提供目标词汇、语言形式，并展示基本交际功能。这一阶段给学习者提供任务示范，让学习者通过听、读等方式，掌握典型的任务范例，并进行相关练习。可以说，这两个教学步骤与传统的听说教学法区别不大，差异在于任务型教学中教师为学习者设置了一定的语言交际环境，并且练习的过程是控制与自由相接合的。

例8 在谈论国籍和城市的任务中，教师首先给学生提供了世界上地域面积最大的10个国家及其主要城市，并打乱顺序，让学习者经过讨论连线。这是控制性的任务。然后教师给出这些国家的若干名人图片，要求学生两人一组讨论这些人的国籍和城市，这是半控制、半自由的任务活动。

步骤三： 聚焦语言点任务阶段。教师给学生提供真实的听力材料或阅读材料,帮助学习者熟悉真实的语言交际和使用过程。并从中分析出语言点，然后运用步骤一的生词进行有意义的替换练习。这一步骤的具体操作过程我们将在第四部分详细阐述。

步骤四：自由完成任务阶段。学生使用给定的材料和情境，进行自由表达，进行对比、分析、推理等认知活动，完成任务。

步骤五：任务总结评估阶段。学生汇报展示任务结果,教师提供评估反馈。

上述五个步骤不同于传统的语音、词汇、语法、课文、练习截然分开的教学环节，五个步骤沿着一条交际话题主线，环环相扣，最终完成一个大的任务主题。

（三）实验班教学材料中的任务设计

我们在对学习者进行需求分析（方式为：问卷调查和访谈）的基础上确立了10个任务话题，即：打招呼、年龄、外貌与性格、时间、日程安排、饮食、购物、爱好等。

1.实验班教学材料中的任务设计概述

每个话题下，我们都设计了若干个"分步任务活动"、"综合任务活动"以及将任务延伸到课后真实语言环境的"学习后任务"。

（1）分步任务活动

在分步任务活动中我们设计了一些"子任务"，任务的类型涉及：焦点型任务、信息差任务、拼合型任务、罗列清单型任务、排序分类型任务、比较型任务、解决问题型任务、小组任务、全班任务等。每个任务都设计了明确的任务要求和具体的任务成果目标。通过完成一系列贴近目标情景的任务，实现学习者的语言输出。其中，针对本单元重点语言形式设计出的一些焦点型任务，充分兼顾了形式与内容，有助于学习者更好地掌握完成本话题任务所必需的语言形式。

（2）综合任务活动

在综合任务活动中，任务的类型涉及：角色扮演、信息差任务、拼合型任务、罗列清单型任务、排序分类型任务、比较型任务、解决问题型任务、小组任务、全班任务等。每个任务也都设计了明确的任务要求和具体的任务成果目标。任务贯彻做中学、用中学、体验中学的特点，将真实的语言材料引入学习环境中，以完成综合任务的形式进行信息或观点的交流和传递，体验自己的学习过程，使学习者以合作的方式参与到发现问题、解决问题的过程中来，成为独立、自主、高效的学习者。

（3）学习后任务

学习后任务主要是通过布置学习者在课后需要完成的一些任务，帮助学习者在课后及时复习、巩固课堂上所学的内容。为完成任务，学习者需要到真实的社会环境中去获取信息，这有助于提高学习者用汉语进行沟通的能力。学习者在课后独立或合作完成这些任务，下次上课的时候，教师通过汇报等方式检查课后任务的完成情况。

2. 实验班教学材料中的任务活动类型归纳及示例

下面我们对实验班教学材料中所涉及的任务活动进行分类归纳总结：

（1）焦点型任务

焦点型任务是指有意识地针对某种语言形式而设计的任务。

【示例】针对语法"A 还是 B"，我们设计了下面的任务：

任务要求及成果：

下面每组有两个或多个选择，请你调查一下，你的朋友都选择了什么？

（1）

米饭
mǐfàn

面条
miàntiáo

（2）

矿泉水
kuàngquánshuǐ

茶
chá

可乐
kělè

（3）

中国菜
zhōngguócài

麦当劳
Màidāngláo

日本菜
rìběncài

例句： A：你喝茶还是可乐？

B：我喝茶。

（2）信息差任务

所谓信息差任务是指两人各持有对方不知道的信息，通过运用所学语言进行交流，得到对方所掌握的信息。

【示例】在学习"购物"话题时，我们设计了这样的任务来练习价格的表达以及如何用汉语砍价：

任务要求及成果目标：

猜价格。分成 A、B 两组，看图片猜猜对方组商品的价格。两组分别根据本组商品价格表，通过对话提示对方调整所猜的价格。看谁猜得快。

例句：

1. 这件衣服 760 块，对吗？ Zhè jiàn yīfu 760 kuài, duì ma？	1. 太贵了，便宜点儿。/ 太便宜了，贵点儿。 Tài guì le, piányi diǎnr. / Tài piányi le, guì diǎnr.

A 组商品

ESPRIT 衣服
yīfu

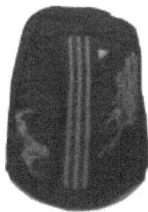

adidas 包
bāo

价格（price）：_____   价格（price）：_____

B组商品价格表	
商品	价格
鞋 xié	480.00
相机 xiàngjī	2135.00

B组商品

Nike 鞋

xié

价格（price）：＿＿＿＿＿

Nikon 相机

xiàngjī

价格（price）：＿＿＿＿＿

A组商品价格表	
商品	价格
衣服 yīfu	695.00
包 bāo	390.00

（3）拼合式任务

任务参与者各占有一部分信息，通过相互合作，将各自的信息集合起来构成一个整体，以完成某个任务或形成某个产品。

【示例】任务——制作班级通讯录

任务要求及成果目标：

请你在规定时间内调查尽可能多的同学，获得他们的姓名、国籍、电话号码、住址等信息。然后向全班同学汇报，看调查结果是否一致，最后全班同学合作制作出一份班级通讯录。

姓名	国家	电话号码	住址
1.			
2.			
3.			

（4）排序型任务

根据某项标准把事物、事件等进行排序。

【示例】在学习"爱好和运动"话题时，我们设计了一个排序型任务，通过排序找出每个学生最喜欢的运动：

任务要求及成果目标：

请选出你喜欢的运动，并将以下运动按照你的喜爱程度排序：

Select your favorite sport，list the below From your favorite to your least favorite.

□ 踢足球　　　□ 打乒乓球　　　□ 打篮球　　　□ 打网球

tī zúqiú　　dǎ pīngpāngqiú　　dǎ lánqiú　　dǎ wǎngqiú

□ 爬山　　　□ 打太极拳　　　□ 跑步　　　□ 游泳

pá shān　　dǎ tàijíquán　　pǎobù　　yóuyǒng

我还喜欢：＿＿＿＿＿＿＿＿＿＿＿＿＿＿＿＿

Wǒháixǐhuan: _____

_____ ＞ _____ ＞ _____ ＞ _____ ＞ _____

例句：

我喜欢_____、_____，我最喜欢_____。

Wǒxǐhuan _____、_____，wǒzuìxǐhuan_____。

（5）分类型任务

根据某项标准把事物、事件等进行或分类。

【示例】在学习"饮食"话题时，我们设计了分类任务，要求学生分类填写点菜单：

任务要求及成果目标：

下面是一些凉菜、热菜、主食和饮料。请把他们的序号／名字填在相应的菜单里。

A_____ B_____ C_____ D_____

   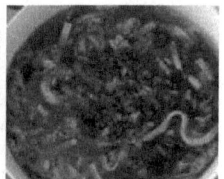

E_____ F_____ G_____ H_____

菜单	菜单	菜单	菜单	菜单
凉菜 cold dish	热菜 hot dish	汤 soup	主食 main food	饮料 beverage
liángcài	rècài	tāng	zhǔshí	yǐnliào

（6）解决问题型任务

分配给学生一个任务以及一些有关信息，学生需要经过讨论、逻辑分析、推理、判断、计算等过程，为某个问题提出解决方案。

【示例】任务——设计一条合理的旅游路线

任务要求及成果目标：

你的朋友要去上海、杭州和南京旅行，请根据下边的时刻表帮你的朋友设计一条旅行路线。

	飞机	火车
北京→上海	08:55–10:50	
北京→杭州	08:15–10:00	
北京→南京	13:55–15:45	
上海→杭州		05:09–07:43
杭州→上海		11:40–14:36
南京→上海		00:14–03:58
上海→南京		05:10–09:05
杭州→南京		07:32–14:56
南京→杭州		01:08–06:35
杭州→南京		07:32–14:56

A：你想去哪儿？

B：我想去_____、_____、_____。

A：怎么去？

B：我想先坐_____到_____，然后从_____坐_____到_____，_____。

（7）分享个人经历型任务

学习者以小组形式互相交流他们的个人经历。

【示例】在学习"家庭"话题时，想办法了解小组其他成员的兄弟姐妹情况：

任务要求及成果目标：

　　问问你们组的同学是否有兄弟姐妹。其他同学一边听，一边在下面的表格里记录下来。然后向其他同学介绍。

1. 你有兄弟姐妹吗？ Nǐ yǒu xiōngdìjiěmèi ma？ 2. 你姐姐怎么样？ Nǐ jiějie zěnmeyàng?	1. 我有一个姐姐。 Wǒ yǒu yí ge jiějie. 2. 她非常聪明 Tā fēicháng cōngming.

姓名 Name	哥哥 gēge	姐姐 jiějie	弟弟 dìdi	妹妹 mèimei
e.g. 大龙 dàlóng	没有 méiyǒu	一个：非常聪明 yígè: fēichángcōngming	没有 méiyǒu	没有 méiyǒu
1.				
2.				

　　例句：大龙没有哥哥、弟弟和妹妹，他有一个姐姐。他姐姐非常聪明。

（8）比较型任务

对相同性质的事物或人物进行比较，找出其共同点或不同点。

【示例】任务——我们的班级之最

任务要求及成果目标：

根据提示讨论班级之最，完成下表，然后每组选一位代表向全班报告。

	姓名 Name	特点 Features and characteristics		
1		个子 gèzi		高 gāo
2		头发 tóufa		长 cháng
3		头发 tóufa		短 duǎn
4		眼睛 yǎnjing		大 dà
5		/		漂亮 piàoliang
6		/		帅 shuài
7		/		幽默 yōumò
8		/		聪明 cōngming
9		/		可爱 kě'ài
10		/		小 xiǎo
		......		......

五、任务型汉语教学模式中的语法教学

在上述五个任务型课堂教学步骤中，最具争议的就是聚焦语言点任务阶段，过去人们认为，注重语法和语言形式，很难围绕交际话题主线并实现互动，因此其地位和方法问题一直被广为讨论。

（一）语法教学的重要性

尽管目前广泛强调第二语言教学要注重交际性、注重意义，但不可否认的是，一味强调意义而忽视语法和语言形式，将以牺牲语言使用的准确性为代价。Trahey&White（1993）研究表明，不对语言形式进行练习与解释，仅向第二语言学习者提供"可理解性输入"是不够的，起码不能保证教学输入会转化为学习者的吸纳。但事实上，学习者吸纳领会的内容还需要进一步的加工提炼使之趋于准确，才能转变为"可理解性输出"，进而习得。Larsen- Freeman（1991）和 Doughty&Williams（1998）的研究也得到了相

同的结论。

此外，根据"注意假说"，教师要通过有意识的、明确的指导，在教学过程中注重语言形式教学，才能引起学生对语言特征的注意，激活他们的语言敏感性与理解能力。这样做既有利于提高语言使用的准确性，同时也为学习者完成任务扫清了障碍，并有利于促进任务更好地完成。因此，研究者们提出，以交际功能为主的任务型语言教学，同时也应注重语言的形式以及语言表达的准确性（Lightbrown&Spada，1990；Montgomery&Eisenstein，1985）。

（二）注重语言形式的教学法与其他语法教学法的差异

注重语言形式的教学方法与以前的以语法结构为纲的教学法有本质上的不同。它不提倡过多地、机械地对初学者进行语法教学，不提倡无意义的输出，也不提倡对学习者话语的显性纠错形式。另一方面，传统交际法将语言形式看作交际内容的附属品，是附着于交际内容之下的，注重语言形式的教学方法也反对一味强调语言交际的内容和意义，而忽略了语言使用准确性的做法。

在任务型课堂中，注重语言形式的教学方法可以将学习者容易出错的语法结构和形式独立提炼出来，通过各种凸显手段，让学习者有机会自己意识和注意到这种语言的内在特征和语法规则。它的主要特点是：从语言的理解入手，从内容和意义开始，凸显语言特征，使无意识的习得在有意识的引导下产生。

（三）注重语言形式教学法的注意事项

1. 教师提供可理解性输入

任务型教学中，对语言形式的教学强调从理解入手，教师首先要给学生提供语言形式使用的典型情境和典型示例，帮助学生理解，通过师生互动，最后落实到生生互动。

2. 凸显语言特征

通过凸显效应，让学习者意识并注意到容易出错的语法特征。

比如在第二语言习得的初级阶段，提供大量的语言定式。Lynons（1968）

指出，语言定式是大脑中不须分析加工就可以使用的固定表达方式，如"认识你很高兴""好久不见"等。而很多第二语言习得研究也发现，语言学习者在初级阶段对所接触的大量的语料并不做详细分析，而是作为整体组块，即以词组 / 短语甚至句子为单位进行运用。这种凸显特征，不仅有利于提高第二语言使用的准确率，而且能够大大降低学习的难度，并且达到立竿见影的学习效果，提升学习者的学习兴趣。

3. 以交际为主线，统一语言形式、内容和功能

这一点正是任务型教学中注重语言形式教学法与其他语法教学法的区别之所在。

Garrett（1991）在对语法教学与交际能力的关系进行分析论述时指出，任务型课堂教学的重点应该放在语言形式和语用功能对应规则的输入与练习上，而不是单纯地讲解语法。因此，任务型教学中进行的语法形式教学，应该以交际情景为出发点，提供具体的语用情境，以语义交流和意义协商为主要内容，以相应的语言形式为重点。

例 9 教师要求学习者谈论某种经历，语言内容是谈论自己的经历，语用功能为强调性的陈述，语言形式为"是……的"强调句和"过""了"等。

4. 以学习者为中心

语言形式的输入形式及其输出要求，应该符合学习者语言习得的阶段性特征。Ellis（2002）、VanPatten（1991）和 Bardovi-Harlig（2004）的研究表明，学习者在最初阶段吸纳的往往是以词汇为主的内容。他们在大量的语言输入中寻找词组、短语，希望从中得到语义信息。

因此，对于汉语初学者来说，语法教学应该从词汇和词汇结构入手，向学习者展示定式词组、短语等，帮助他们在短时间内获得大量的可懂语料。在学习者有了一定的词汇量并稍积累了一定感性认识后，教学中开始加强对语言形式的精讲多练，学习大量的句型结构。在这个阶段，教学的重点从学习者前期的理解吸收逐步转向在教学指导下的陈述表达。学习者的汉语水平进入更高的阶段，语言形式的教学重点发展到有控制地自由表达和成段讨论，进行大量的语言输出。

第五节　实验过程

根据研究设计及前期调查结果，我们的任务型课堂教学设计一般包括以下几个方面：①确定任务型话题；②根据任务型话题，结合学习者的汉语水平制定任务型活动方案；③开展任务型课堂教学，边完成任务，边提炼相关的、必备的、符合学习者汉语水平发展规律的语言形式及相关语言知识；④指导学习者开展课后任务；⑤任务后反馈。以下我们将结合一个实际的教学单元阐述教学设计过程。

一、确定任务型话题

根据前期关于任务型话题的调查报告，我们发现，谈论人物基本信息是学习者比较感兴趣并认为重要的话题。但是，在中国文化中，谈论人物或与人交谈的过程中，家庭、工作、家庭成员信息是不可避免且十分重要的话题，并且在师生访谈中我们也发现，学生渴望跟熟悉的朋友谈论家庭等相关信息，这一点与我们传统上认为外国人注重隐私的观念相悖。因此，我们在开学初选取了5个循序渐进的话题共同组建成为谈论任务的大任务型话题，这些任务型话题包括谈论人物姓名、国籍和城市、年龄和属相、工作和家庭等。

二、制定任务型活动方案

我们根据每个单元选定的任务型话题，结合对任务型教材的分析，为每个单元设置循序渐进的、体现不同教学目标的任务型活动。这些任务型活动的互动形式包括：师生互动、学生两人合作、小组活动、班级活动、听力与口头表达互动、阅读材料与口头表达互动等。任务型活动形式包括：采访—报告，寻找差异，寻找"……之最"，寻找相似关系，等等。以"谈论工作"的任务型话题为例，任务型活动包括：①两人一组讨论图画中任务的工作名称，并将工作与相应的地点连线，然后用给定的语言形式"某人是＋职业名称／在＋工作地点＋工作"汇报任务结果；②找出班级里最受欢迎的工作，四人小组活动，讨论彼此的工作理想，然后用给定的语言形式"某人想当＋职业名称"汇报小组讨论结果，最后全班总结出最受欢迎的三个工作；③综合表达：采访—汇报形式，两人活动，介绍对方家庭成员的工作情况；④综合表演：小组活动，孩子向父母征求求学和工作意见。这一个任务活动体现了中西方文化差异，因为在西方社会，工作常常是个人的事情，而在中国社会，求学和择业仍然需要向父母征求意见。这个表演任务的设计旨在帮助学生了解中国文化，同时综合演练本单元学到的语言形式。

三、开展任务型课堂教学

下面我们将结合一次任务型汉语口语教学进行举例。

【例 10】

教学对象：零起点汉语学习者

交际主题：谈论人物相关信息

语言内容：谈论及介绍工作和家庭

语言功能：问答、陈述

语言形式：subj.（人）做什么工作？

　　　　　　subj.（人）是＋职业名称。／subj.（人）在＋工作地点＋工作。

　　　　　　subj.（人）有兄弟姐妹吗？

　　　　　　subj.（人）有 +num+Measure Word+ 哥哥／弟弟／姐姐／妹妹。

　　　　　　subj.（人）退休了。

步骤：

（一）导入阶段

1. 目标

　教师由相关的旧课内容导入本课交际主题。

2. 环节

（1）复习旧课内容（描述人物外貌特征，以大龙的姐姐为例）

（2）教师输入：……大龙的姐姐又聪明又漂亮，现在在麻省理工大学读书。大龙刚到北京，姐姐很想他，今天晚上他们用 MSN 聊天，姐姐要问问大龙他的中国家庭怎么样。

（3）师生互动：你们猜猜，大龙的姐姐会问大龙什么问题？（由于学生学过描述人物特征，并事先进行过预习，因此这种发散式的问题，可能引导出学生的回答是："说说中国爸爸妈妈什么样儿、中国妹妹的性格、他们的工作……"）

（二）控制型任务阶段

1. 目标

①提供目标词汇、语言形式；②展示示范任务；③进行控制任务练习。

2. 环节

（1）教师输入：教师先把目标形式用书面或口头的形式展现给学生，并用全班"合唱"和个人"独唱"相结合的方式带领学生流利地、正确地输出生词和语言形式。

（2）目标形式：subj.（人）是＋职业名称。

　　　　　　　subj.（人）在＋工作地点＋工作。

　　　　　　　生词：职业名称名词和工作地方名词

（3）任务活动：要求学生在给定时间内快速记忆所学工作名称和工作地点，然后通过互动快速抢答。

（4）互动形式：师生互动→生生互动

快速抢答和生生互动，不仅增加了学生的开口率，而且带动了课堂的快节奏交流气氛。

（5）任务示范：教师通过播放视频文件向学生展示示范任务，然后通过问答引起学生对语言内容的注意，通过师生互动进行关于示范任务的意义交流，并通过主题导入法将课文内容平移到课外，问答学习者自身情况。同时进一步强化生词和语言形式。

如：T：大龙的中国家庭有孩子吗？

　　Ss：有一个独生女。

　　T：对，独生女，一起说"独生女"。

　　Ss：独生女。

　　T：小丽有兄弟姐妹吗？

　　S1：她没有兄弟姐妹，她是独生女。

　　T：你有兄弟姐妹吗？

　　S1：我也没有，我是独生儿。

　　T：独生子，他家只有一个孩子，是儿子，他是家里的独生子。

　　Ss：独生子。

　　T：谁有兄弟姐妹？

　　S2：我有哥哥和姐姐。

　　T：你有几个哥哥，几个姐姐？

　　S2：我有一个哥哥和一个姐姐。

　　T：S2 有兄弟姐妹吗？

　　Ss：S2 有一个哥哥和一个姐姐。

　　T：你们呢？请两人一组，问问你的同学。

　　（6）控制性任务：教师让学习者根据任务示范内容，分别扮演大龙、中国妈妈和小丽的角色，介绍大龙的中国家庭。

　　互动方式是小组活动，互相协作完成任务，要求正确使用目标词汇和语言形式。

　　（三）聚焦语言点任务阶段

　　1. 目标

　　找出班里最受同学欢迎的工作。在准真实语境中活用本课语言形式和重点词语。

　　2. 环节

　　（1）通过听力材料，向学生展示真实语境，带领学生讨论受到中国大学生广泛欢迎的工作，正确使用语言形式：我想当＋职业名称。

　　（2）生生互动：班级活动，学生在限定时间内采访尽可能多的同学，并记录他们感兴趣的工作，然后筛选出最受全班欢迎的三个职业。并向全班汇报，看看大家的答案是否一致。（具体操作方法如上一阶段）

（四）自由完成任务阶段

1.目标

活用任务，学习者通过生生互动谈论自己的家庭和工作情况。

2.环节

（1）学生根据教师要求采访组内同学，得到相关问题的答案。

（2）学生对采访得到的材料进行加工整理，形成报告。

（五）任务总结评估阶段：

1.目标

学习者汇报采访结果，教师对语言形式、交际话题、文化点滴、交际策略等内容提供评估和反馈。

2.环节

（1）学生汇报采访结果，与其他学生就汇报内容进行生生互动。

（2）教师进行评估和反馈。

（3）总结本课交际主题和语言重点。

四、指导学生开展课后任务

每个教学单元结束后，教师都会给学生安排任务型作业，这些任务型作业要求学生通过采访中国人或跟中国人交流等互动形式完成。因此，是对课堂任务的进一步延伸。

五、任务后反馈

学生完成的任务型作业，或以口头报告的形式向全班同学汇报，或提交录音作业。教师应及时给与反馈，反馈内容主要针对学习者的语言形式，达到进一步强化语言使用正确性的目的。

第六节　结果与讨论

一、任务型教学模式与传统教学模式对汉语使用正确率的影响对比

（一）测试结果

在四次测试中，我们以约 30 个语言形式为目标形式，对学习者汉语使用的要求也随着学习时间的推移而逐渐提高。比如，在后测（第四次测试）中，我们要求学习者完成约 6—8 分钟的口头报告，并综合使用各种语言形式及相关话题。经过初步分析，在四次测试中，实验组和控制组正确使用语言形式的情况如下表 2-2：

表 2-2　实验组、控制组在测试中正确使用语言形式情况

	实验组			控制组		
	正确形式	总数	正确率 %	正确形式	总数	正确率 %
测试一	53	92	57.61	52	107	48.60
测试二	63	92	68.48	49	86	56.93
测试三	120	163	73.62	117	169	69.28
测试四	334	403	82.88	274	361	75.90
总计	570	750	76	492	723	68.05

由上表 2-2 我们可以看出，实验组和控制组正确使用语言形式数量及其使用句子总数都呈现递增趋势，这说明，随着学习时间的推移，两组学习者都能够使用更多的句子进行表达，并且正确句子的数量呈现增加的趋势，而实验组在四次测试中的正确率都高于控制组。

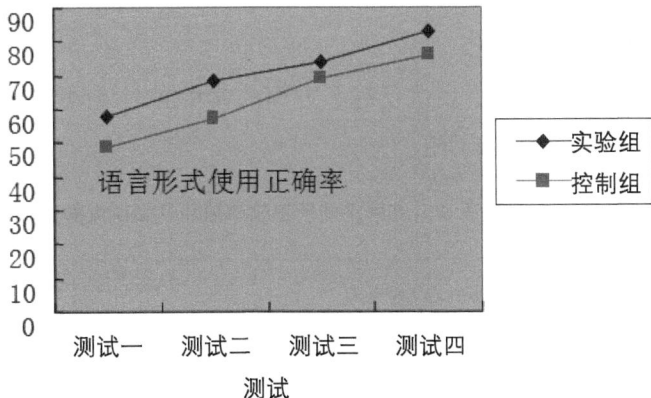

图 2-1　实验组和控制组正确率发展趋势图

如图 2-1 所示，在四次口头测试中，除第三次测试实验组（73.62%）与控制组（69.28%）的正确率略为接近外，其他三次测验中，实验组正确

率都高于控制组约 10% 左右。由此，我们初步认为，实验组所接受的新教学模式对学习者语言形式习得起着重要的作用。

为了进一步说明上述差异是否显著，我们对实验组和控制组学习者在四次测试中的语言形式使用相对正确率进行了单因素方差分析，以 0.05 为显著性水平。结果显示，在四次测试中，$p < 0.05$，由此我们认为，在四次测试中，实验组与控制组之间关于语言形式使用的相对正确率均存在着显著差异。这说明，我们采用的新教学模式较传统课堂教学模式更能够有效促进学习者正确使用汉语语言形式，即能够有效促进学习者对汉语语言形式的习得。

此外，我们对期中和期末口语考试的录音进行了分析，考察学生词汇和语法点的正确使用率，与语言形式使用正确率相比较（如下表 2-3），实验组和控制班学习者在汉语使用正确性上并没有显著差异。

表 2-3　汉语学习者词汇和语法点正确使用率（平均数）

	期中词汇使用正确率	期中语法使用正确率	期末词汇使用正确率	期末语法使用正确率
实验组	94.5%	70%	96%	75%
控制班	94%	71%	95%	75%

（二）学生问卷调查

学生问卷中涉及口语表达正确率方面的典型问题及两个班学生针对该问题的平均分如下表 2-4 所示。

表 2-4　汉语学习者语言使用正确率自我认知调查数据

问卷中的典型问题	实验组平均分	控制班平均分
Q1、在与他人交流时，别人都能听懂你想表达的意思吗？	4.67	4.60
Q2、在与他人交流时，别人很少指出你存在发音或语法错误吗？	4.27	4.27

由学生的问卷调查结果我们发现，实验组汉语学习者对自己语言表达准确性的自我认知更高，这可以说明他们对自己的汉语口头表达更具备信心，而在他们与中国人的实际交流中，语言使用正确率可能跟控制组一样。

（三）任课教师访谈

针对实验组和控制组汉语使用准确性差异不显著的原因，实验者教师进行了教学反思，他们认为，原因主要包括如下两点：

（1）传统 3P 教学法的口语课堂对每课涉及的语言点都要进行大量的操练，有助于学生对语言形式的掌握。

（2）任务型口语课堂对语言点的处理与传统教学不同。在任务课堂上，教师会有意识地针对某一语言形式设计若干焦点型任务，让学生在完成任务的过程中慢慢习得语言规则。

二、任务型课堂教学模式对学习者汉语使用流利度的影响对比

（一）测试结果

由于四次口头测试采用在课堂中随机进行的方法进行，学习者可能进行事先准备，同时包含班级其他学生的影响，可控制性较低。因此，我们选取了期中和期末考试录音作为分析学习者汉语使用流利度的材料。这是因为，学习者在期中和期末考试中的报告题目是有限制的并且是随机安排的，每个被试的准备时间和报告时间都是一样的，同时与教师是一对一的，避免了其他学生的干扰。我们将学习者汉语使用流利度操作性定义为每分钟口头报告话语的字数。分析结果如下图 2-2：

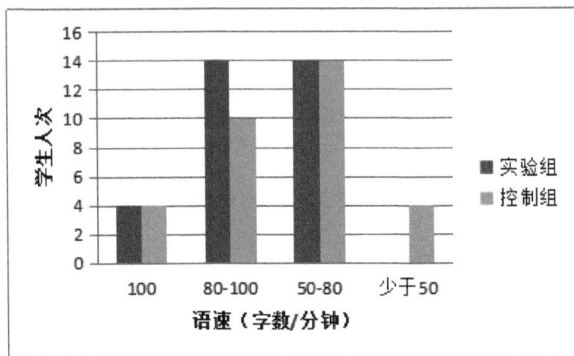

图 2-2　实验组和控制组口头表达流利度分布图

由图 2-2 我们可以看出，在期中和期末考试中，语速超过 100 字 / 分钟的只有 8 人，其中实验组和控制组人数一致，而语速少于 50 字 / 分钟的

学生只有 4 人，且都是控制组学生；大多数学生集中在 50—100 字 / 分钟，其中，实验组的学习者有 14 人语速在 80—100 字 / 分钟，明显高于控制组学习者；语速 50—80 字 / 分钟，实验组和控制组人数一致，都是 14 人。结合教学分析，我们发现，语速在 100 字 / 分钟以上的学生，均具备华裔背景。由上图可见，零起点汉语学习者在经过一学期的速成教学后，基本语速是 50—100 字 / 分钟，其中接受任务型课堂教学模式的学习者汉语使用流利度略高于使用 3P 教学模式的学习者。

（二）学生问卷调查

学生问卷中涉及汉语使用流利度方面的典型问题及两个班学习者针对该问题的平均分如下表 2-5 所示。

表 2-5　学生问卷调查（口语表达流利度方面）对比表

问卷中的典型问题	实验组平均分	控制班平均分
Q1、你能流利地朗读学过的课文吗？	4.67	4.67
Q2、用汉语交流时你会迅速想出学过的合适表达形式吗？	4.00	3.80

从表 2-5 中我们不难看出，两个班的学生朗读已学过的课文时的流利度都较高，但在日常自由交际表达时，学生的流利度远低于朗读课文的流利度，控制组更为明显，这说明，在真实交际中，控制组学习者语言形式的激活速度较慢。

（三）任课教师访谈

针对实验组和控制组汉语使用流利度的差异问题，实验者进行了教学反思，我们认为，原因主要包括如下两点：

（1）传统 3P 教学法指导下的口语课型特点不明显，影响流利度的提高。传统教学法的口语课跟综合课的教学方法及步骤基本相同，所以课堂上除了语言要素和语言形式的机械操练以外，学生自由表达的机会不多。

（2）任务型口语课堂学生的表达次数增多，有助于提高流利度。任务型口语课堂给学生提供了更多自由表达的机会，形式上不仅限于两人一组的对话。为完成一个信息差或拼合型任务，学生间需要合作学习，每个学生至少要跟 5 人进行 5 遍以上的信息交换。

三、课堂参与度分析

基于可操作性原则，我们将课堂参与度和学生学习兴趣操作性定义为课堂出勤率，并结合学习者的主观判断综合考察教学模式在提升学习者学习兴趣方面的作用。

（一）课堂出勤率

我们根据学期末的学生出勤情况，将学生的出勤率按 85%—100%、60%—85%、60% 以下三个区间进行进一步的数据整理，分别统计出在这些区间的学生人数，如下表 2-6：

表 2-6　出勤率对比表

	实验组（16 人）	控制班（16 人）
出勤率 > =85%	9 人	7 人
85%> 出勤率 >= 60%	6 人	6 人
出勤率 < 60%	1 人	3 人

由表 2-6 我们可以看出，在三个出勤区间内，出勤率 85%—100% 的学生中，实验组学生明显多于控制组学生；出勤率 60%—85% 的学生，实验组和控制组学生人数一致，而出勤率低于 60% 的学生中，实验组仅有 1 人。因此我们认为，实验组所采用的教学模式更能够吸引学生的兴趣，提高他们的课堂参与度。

（二）学生问卷调查

我们采用五级量表对实验组和控制组学习者进行了关于课堂评价的调查，"特别不喜欢"记为 1 分，"不太喜欢"记为 2 分，"马马虎虎"记为 3 分，"喜欢"记为 4 分，"特别喜欢"记为 5 分。学生问卷中涉及课堂参与度方面典型问题及两个班学生针对该问题的平均分，如下表 2-7 所示：

表 2-7　汉语学习者课堂参与度及学习兴趣调查

问卷中的典型问题	实验组平均分	控制组平均分
Q1、你喜欢上口语课吗？	4.67	4.60
Q2、上口语课你愿意回答问题吗？	4.55	4.53
Q3、你对老师提供的讨论话题和讨论方式感兴趣吗？	4.53	4.33
Q4、你从不在课堂上走神或做其他无关的事情。	4.40	4.20
Q5、你愿意参与课堂讨论或话题表达吗？	4.53	4.27

由表 2-7 可以看出，实验组和控制组在 Q1、Q2 上差异不明显，而在 Q3、Q4、Q5 三个问题上实验组学生都给予了较高评价，平均分明显高于控制组。这表明，在任务型口语课堂上学生对任务型话题的表达欲望和参与度更高，因此学生的课堂参与度也更高。

（三）任课教师访谈

实验者在后期反思和访谈中发现，任务型口语课堂中，由于任务成果目标的驱动效应，学生的学习积极性能够被充分调动，具体体现在如下两点：

（1）在传统口语课堂中口语水平较差的学生常常回避开口机会，教师点名时往往在同学帮助下回答，不点名时就沉默或走神。

（2）任务型教学强调的是完成任务，完成任务的过程需要学生之间的合作，完成任务后需要提交任务成果，在这种情况下每个学生都不想因为自己而影响团队，所以包括汉语水平较差的学生都会努力运用多种学习和交际策略，以期又快又好地完成任务。

同时，我们也发现，较之传统 3P 教学，教师的课堂角色更加多样，教师各种任务指导角色扮演的好坏会直接影响学生的参与积极性，并从而影响教学效果，这无疑是对教师素质和能力的全新要求和挑战。

第七节 初级汉语口语教学中运用任务型教学的行动研究报告

教学行动研究是一个循环往复的过程，包括计划、行动、观察、反思等环节。具体而言就是：教师在教学过程中发现问题；收集有关的信息，加以分析，并决定该采取的解决措施；制定行动计划以期解决问题；观察、评价行动计划对教学的影响；如有必要再进行下一轮的行动研究。行动研究不仅可以改善教学，更可以提高教师解决问题的能力。

一、研究背景

研究对象为本次教学实验中的实验班学生，开学初我们按照统一的分班测试标准对所有被试进行了一次前测，测试结果显示该班留学生的汉语水平均为零起点。该班的国别背景为欧美亚混合班。行动研究实施者为该班的口语教师。

实验班的实验材料为：自编的任务型教材《新目标汉语》（第一册）。该教材每课包括头脑风暴、生词总动员、任务示范、分步任务活动、综合任务活动、学习后任务、自我评估等环节，充分体现任务型教学法的内涵，通过设计不同类型的任务活动，让学生在完成任务的过程中学会使用语言。

二、发现问题

在实验班的课堂教学中，采用任务型教学法，以任务的设计和完成为中心来组织和安排教学，使语言在真实的交际中得到运用。更加关注意义的表达而不仅是语言形式的操练，学习者通过完成任务，使课堂活动更加贴近目标情景，兼顾流利性、准确性、复杂性，能有效激发学生的表达欲望和参与课堂的积极性，使学生综合运用已经具备的知识经验，以合作的方式参与到发现问题、解决问题的过程中来，成为独立、自主、高效的学习者。在前两个月的教学过程中，研究者发现有时候一部分学生会在合作完成任务的过程中保持沉默，坐享其他学生的成果，缺乏积极参与任务活动的主动性。还有的学生为尽快完成任务会和同伴用母语进行信息交流，偶尔也会讨论和任务内容无关的事情。

三、提出假设

（1）有些任务活动的内容学生不感兴趣。

（2）学生不是很清楚教师布置的任务程序和任务成果。

（3）学生发言时担心说错，不好意思表达，因此选择沉默。

（4）小组内部分学生说得又多又好，其他学生没有表达的时间和机会。

（5）有的组整体口语水平可能完成任务有困难，为了尽快完成任务，偷偷使用母语进行信息交流。

（6）教师的课堂教学存在某方面的问题。

四、调查研究

我们对实验班18位学生进行了问卷调查，问卷采用五级量表，"1—5"分别为"不同意、基本不同意、没有意见、基本同意、非常同意"，收回有效问卷16份。调查结果显示，对某些任务活动不感兴趣的学生，即选择4、5评价等级的学生共有5人，占31%；认为教师指令有时候不太清楚的学生共有7人，占43%；有时候因为怕说错所以不敢说话的学生共有10人，占62%；在小组活动中没有机会说话的学生共3人，占18%；有时候会借助英语完成任务的学生共4人，占25%。

表2-8　行动研究调查表

1、某些任务活动的内容我不感兴趣。	1 2 3 4 5
2、有时候在任务活动刚开始时我不太清楚老师让我们做什么。	1 2 3 4 5
3、有时候我怕说错了被别的同学嘲笑	1 2 3 4 5
4、其他几个同学口语水平很高，我没有机会说话	1 2 3 4 5
5、我怕在规定时间内完成不了任务活动，只好借助英语来完成。	1 2 3 4 5

　　笔者通过对调查结果的分析，认为主要有两方面的因素影响了课堂教学效果：第一，教师在任务设计和课堂操作方面存在问题；第二，学生在合作学习时的分组以及组内分工存在问题。

五、查阅文献

（一）任务设计及教师的课堂操作

1.任务要真实并有可操作性

Long（1985）强调任务必须同现实社会的语言需求有明确的联系，要根据现实社会的要求来设计。也就是说，我们设计的任务要尽可能地真实，既要从学生的认知水平、生活经验、人生体验以及兴趣爱好出发，又要与现实社会紧密相连。只有设计出学生熟悉的、感兴趣的、贴近学生现在的生活或与以后生活高度相关的任务活动，学生才能有较高的积极性参与到任务中来。同时，任务设计也要具备较强的可操作性，每课所设计的任务都应围绕一个主题，由易到难，由简到繁，由浅入深，逐层地展开，由完成若干"子任务"到最终完成"根状任务"。

2.教师的任务指令要清晰

Dornyei（2001）指出教师如何阐明任务会在学生完成任务的过程中产生巨大的差异，如果教师的指令不清楚，学生就不能按计划中的程序完成任务。所以教师在向学生布置任务时，要使用清晰明确的指示语言，保证每个学生都能明白该任务的程序和目标成果。

（二）合作学习的分组

王坦（2001）认为合作学习是以异质学习小组为基本形式，系统利用教学动态因素之间的互动，促进学生的学习，以团体成绩为评价标准，共同达成教学目标的教学活动。为合理地构建合作学习小组，教师需要综合学生的学习基础、爱好、性格、国别等方面的情况，根据组内异质、组间同质的原则合理搭配分组。

六、设计行动方案

　　（1）对部分任务进行重新设计，任务的设计力求真实并密切联系学生实际，而且尽量从不同角度多设计1—2个备选任务，如果出现某组学生对某个任务内容不感兴趣时，可以让该组学生选做相关的其他备选任务，目的是让学生有话可说并且在活动过程中能始终保持较高的积极性。

（2）教师在布置任务要求时，语言指令要简练、清楚、明确，确保每个学生都明白自己要做什么，必要时可以先给学生进行简单的演示。

（3）根据组内异质、组间同质的原则，充分考虑学生的国别、学习水平等因素重新合理分组，并为每个小组的组内成员进行不同的职责分工。首先每个小组选一位发言积极、组织能力强的同学做组长，组长的职责是在任务活动中安排和监督小组全体成员都参与到任务活动中来，给予每个组员平等的发言机会，防止出现口语表达能力强的学生过多地占用其他同学的发言时间的情况，杜绝使用母语进行交流的现象，保证任务活动的顺利完成。根据任务的不同需要，小组的人数及组内成员的分工也不尽相同，除了组长以外，还会安排计时员、记录员、汇报员等不同的分工，全体组员共同参与协作完成任务。

（4）建立平等的师生关系，营造融洽宽松的课堂气氛，培养团队协作互帮互助的小组精神，以鼓励为主，多给学生肯定的评价，降低学生表达时的焦虑感。

七、评价研究效果

笔者将改进后的教学方法重新运用于教学实践，发现学生在完成任务时目标更加明确，出现任务偏离行为的情况也大大减少，在组长和教师的共同监督下，没有再出现用母语交流的现象，学生在小组活动中的开口率也增加了，整个教学效果有明显的变化。在今后的任务教学实践中，还应根据学生的不同对任务活动进行必要的调整，使之更符合本班学生的实际，更能引起学生的表达欲望。同时教师也要逐渐适应角色的转变，任务教学中教师角色的转变对教师素质提出了更高的要求，教师不仅要会操练语言形式，而且还要能设计出学生感兴趣的、难度适中的、更加贴近真实目标情景的任务，在课堂上要组织、监督学生完成任务，营造轻松、平等的教学氛围，并在完成任务的这个过程中给学生提供必要的指导。 教师如何当好这些角色，如何实现自我发展也是值得进一步思考的问题。

第八节　总结与讨论

一、总结

综上所述，我们所建构的任务型口语课堂教学模式，全程以任务型教学理念为指导，以任务活动的形式贯穿整个课堂教学环节，从导入开始即引入任务型话题，话题内容由浅入深，以活动的主线引导语言学习，同时涵盖相关隐性文化因素（郑家平，2010）。在任务型教学过程中，注重语言形式的教学与任务活动的结合，从而达到形式与意义的有机统一，促成汉语学习者语言使用准确性与流利性的统一。

二、进一步研究计划

本次教学实验研究历时 1 个学期，各项研究数据及调查和访谈结果，基本支持了研究假设，即任务型课堂教学模式较传统 3P 教学方法，能够提升学习者课堂参与度、促进其语言使用流利性和准确性的有机统一。

但是此项研究还有待于进一步完善，比如任务型教学材料还需要进一步调整和完善；学习者口头测试数据有待进一步进行显著性分析，以检验实验组和控制组数据在统计上是否存在显著差异。我们也希望通过进一步的课堂观察和测试，增加样本，考察这一教学模式的其他作用和不足之处，从而更加完善这一教学模式，并将之推广到汉语课堂教学的其他课堂中。

第三章　任务型课堂重述反馈模式研究

第一节　什么是重述

一、重述的含义

重述（recasts）是在母语者（Native Speaker, 简称 NS）和非母语者（Non-Native Speaker, 简称 NNS）口头互动过程中，母语者经常使用的一种隐性反馈形式（implicit feedback），第一语言习得和第二语言习得研究普遍认为，重述的做法主要是在不打断互动、不改变 NNS 初始话语①意义的前提下，NS 改变 NNS 话语中不合目的语规则的部分，用另一种方法重新表述 NNS 的初始话语，从而达到反馈的作用。其主要特点是采取打断不唐突、改错不直接的重复法，顺着学习者的初始话语进行纠错，如例1。但是，重述不是重复，因为它包含纠错，也常常通过语调、重音等手段以达到突出性效应。重述也不是显性的纠错行为，因为 NS 不打断会话，也不明确地告知 NNS 偏误所在及偏误成因。

例1　NNS：昨天我吃饭在食堂。（NNS 的初始话语，存在偏误）
　　　NS：哦，你昨天在食堂吃饭啊！（NS 提供的重述）
　　　NNS：是的，我昨天在食堂吃饭，你呢？（NNS 对重述做出的反应）
　　　NS：我没在食堂吃饭。我昨天不舒服……

二、重述与注意的关系

关于注意，认知心理学"主要强调注意的选择性维量，将注意看作一

① 初始话语是指在互动中，非本族语者最初所说的含有不合目的语规则的话语。

种内部机制,借以实现对刺激选择的控制并调节行为,也即舍弃一部分信息,以便有效地加工重要的信息（王甦、汪安圣,1992）"。注意与记忆的关系是密不可分的。因此,本文以即时回忆水平作为测量注意的工具,考察在口头一对一互动中,NNS 对 NS 所提供的重述反馈的注意情况,即 NNS 能否注意到重述,以及存在哪些因素制约着 NNS 的注意水平。

三、重述研究的主要问题

重述是最近几年第一语言习得和第二语言习得研究,以及第二语言课堂研究的热点问题。作为一种隐性反馈形式,重述可以为学习者提供接近目的语的形式。有的学者认为,重述为学习者提供了目的语与中介语的差异信息（Long&Robinson,1998）,如例 1。但也有人认为,学习者可能不能将教师的重述作为形式的反馈,而作为一种意义协商的工具。比如,在意义为中心的课堂或自然会话中,学习者就常常将重述当作一种沟通意义、持续话题的信号,而不是对语言形式的纠错行为（Lyster,1998a）,如例 2。这两种观点是对重述研究的焦点问题,而差异的关键是学习者到底能否注意到重述。

例 2　NNS：这个孩子是正在做什么的？（偏误）
　　　　NS：这个孩子正在做什么呢？（重述）
　　　　NNS：对,他是正在学习的？（NNS 将重述作为协商,延续偏误形式）
　　　　NS：我想他正在学习呢。（NS 再次提供重述）
　　　　NNS：嗯……那……那他为什么流汗……（NNS 转换话题）

课堂互动研究是第二语言研究的基础和重要方面,在强调交互式教学模式的今天,课堂上的师生互动与自然环境中的 NS-NNS 互动同样受到了研究者的重视。国外第二语言习得和教学研究对于互动给与了充分的重视,尤其是对重述,不仅进行了大量的课堂观察研究,也有很多精心设计的实验研究,并都取得了一定的成果。但在汉语第二语言习得研究领域内并没有受到重视。目前,有关研究较缺乏,一方面缺少相关理论的引进,另一方面也缺少基于真实互动的描写或实证研究。作为一种第二语言教学，对外汉语教学应更多地关注课堂互动及真实的 NS-NNS 互动情况。因此，我们希望通过对 NS-NNS 互动的一部分——重述的研究，开拓汉语第二语言习得的互动研究思路。

四、重述研究的意义

Schmidt（1990）的"注意假说"认为，学习者为了习得新的语言项目，必须首先注意输入的语言项目。由于重述为学习者提供了即时反馈，学习者将注意到新的语言形式和已有形式之间的差异。对英语的重述研究，取得了一些成果，但仍有争议。而汉语作为一种与英语完全不同类型的语言，学习者在互动中能否注意到重述，还没有相关研究。因此，我们有必要以汉语为研究对象，探讨在口头互动中学习者对重述的注意度，以及到底哪些因素制约着汉语学习者的注意水平。从而以此为依据，为建立汉语互动研究模式提供一些启示，这具有一定的理论意义。

在对 30 名参加本研究的汉语学习者的前期问卷调查（请见附录二和附录三）中我们发现，约有 74% 的学习者希望 NS 在给他们纠错时"不要打断会话，一边说话一边改正他们的错误"，亦即"重述"。所以，探讨如何更好地让重述这样一种反馈手段发挥作用，对对外汉语的课堂教学也具有比较大的实践意义。

第二节　关于重述研究的文献回顾

一、　重述研究的理论框架

（一）研究背景

传统的语言教学研究认为，教师应该重视偏误，并提供一定的反馈，即纠错行为，这与细致的课前准备一起，构成了第二语言教学的两个基本特征（Krashen& Seliger，1975）。但是，在交际法盛行的今天，很多研究者和第二语言教师都认为，只要给学习者足够的听、说和语言互动的机会，不用提供对偏误的纠错和显性语法教学，学习者照样能提高语言水平。但尽管如此，强调交际和互动的课堂上也有一种反馈被作为纠错手段而广泛使用，这就是重述。

（二）不同理论框架对重述作用的解释

重述既可以为学习者提供接近于目的语的形式，也可以提供目的语与中介语差距的语言反例（negative evidence）。对于重述的作用，不同的理论框架有不同的解释。汉语第二语言习得研究以 Saxton（1997）提出的母语直接对比假说（Direct Contrast Hypothesis）为基础。他认为，在儿童发生偏误后马上纠错，可以帮助儿童掌握正确的语言形式。第二语言习得研究对重述作用的解释以 Schmidt 提出的"注意假说"为基础。他认为，为了习得新的语言项目，学习者必须首先注意到输入信息。因此，当重述为学习者反馈后，学习者将注意到新的语言形式和已有形式之间的差异。第三种理论框架以创生理论为基础，认为重述的作用不在于其提供了语言反例信息，而在于提供了正面信息；因此，作为纠错手段的重述将只影响学习者的语言行为而无法作用于深层的语言能力（Schwartz，1993）。

二、第一语言习得领域对重述的研究

（一）研究成果

1."重述"概念的提出

20 世纪 60 年代中期，研究者发现儿童的语言偏误是成系统的。在成年人与儿童的语言互动中，成年人不关注儿童如何说，而更多地关注儿童说了什么。因此，成年人常常对儿童的语法偏误做出隐性反馈，并且根据儿童现有的语言水平调整自己的输入话语。但是，儿童能够说出从来没学过的句子，到底哪种互动反馈为儿童提供了此类信息，这成了当时第一语言习得研究十分关心的问题。Nelson、Carskaddon& Bonvillian（1973）通过考查保姆向儿童提供的反馈方式，首先提出了"重述"的概念，并考察了重述对儿童语言发展的作用。他们认为，重述有三项功能，分别是：填

补儿童话语空白、针对儿童偏误提供正确语言形式，以及为儿童话语提供不同的替换形式。他们发现，在包含大量重述的输入信息中，儿童很容易利用其中包含的新语言信息，尤其是句法水平高的儿童。而由于儿童已经能正确使用语言，他们不会接收更多的重复性的反馈信息，也不会改变话题。据此，Nelson et al. 认为，简单的重述和话题的延续比复杂的重复和话题转换更容易促进儿童第一语言的发展。

2. 重述对儿童第一语言发展作用的研究

重述研究的另一个焦点问题是，重述所提供的到底是语言反例还是正面语言信息，解决问题的关键是看学习者能否根据重述改变他们的知识和对语言的使用。Hirsh et al.（1984） 和 Demetras et al.（1986）都发现，当儿童的话语形式不正确时，父母更频繁地使用重述或者澄清式反馈（clarification question），以帮助儿童从中发现输入话语和自己语言之间的差异。

Farrar（1990、1992）的两项研究也发现，儿童更多地从模仿纠错性重述中获益，并且重述对儿童习得不同语言项目（尤其是语法项目）有不同的作用。这两项发现为后来的研究提供了理论支持和测量重述作用的工具。

3. 对重述作用的测量

Saxton（1997）提出了一种利用人工语言测量重述作用的方法。研究显示，如果只为 4.9—5.6 岁的儿童提供语言反例，则这些儿童将能高频率的正确使用目标形式（规则过去时态）。Saxton 的设计能帮助研究者区分正面信息和反例信息的作用。但我们也认为，人工语言的测量方法实用性有限。根据这项研究，Saxton 创立了关于母语习得的直接对比假说：

当儿童说出一个包含错误形式的话语时，成年人马上提供纠错话语，纠正错误的形式，儿童就能够通过与自己的形式进行对比从而理解成年人的话语形式。成年人提供的话语形式也可以作为儿童话语形式的替代。

（Saxton，1997：155）

（二）小结

总之，第一语言习得对重述的研究，大多采用跟踪研究方法。研究结果普遍认为，重述能够促进儿童的习得，并且重述对儿童习得不同的语言项目有不同的作用。唯一的分歧在于重述是否作为语言反例而被提供给学习者。这也是第二语言习得领域对重述作用进行研究的一个焦点问题。

三、第二语言习得领域对重述的研究

以内容为基础的交际教学法对重述是否能为第二语言学习者提供纠错性反馈很感兴趣，这种兴趣主要来自对第二语言学习的观察，并且在众多研究第二语言习得策略、过程、偏误类型和发展的文章中都涉及到对重述作用的研究（Ellis，1994；Larsen-Freeman & Long，1991）。第一语言习得研究认为，通过重述，儿童可以不经过显性的教学而学会语言，并且重述对儿童习得不同的语言项目发挥着不同的作用。因此，有研究者假设，第二语言学习者也可以利用重述信息，并且重述对学习者第二语言的发展起着重要的促进作用。

（一）第二语言习得研究对重述的定义

很多第二语言研究者认为，重述是在重复学习者话语时，只改变存在错误的一部分话语形式，而不改变意义的反馈行为（Long，1996；Lyster&Ranta，1997）。也有人将不同类型的重复归入重述的定义，Chaudron（1997）将"有改变的重复"定义为教师针对学习者的偏误所作的"改动最小并能持续话题"的应对措施，并进一步区分了"有改变的重复"和"有改变和强调的重复"，他将后者定义为教师在偏误处加入着重语气并进行改错的行为，亦即重述行为。但是，绝大多数研究者都认为，重述是一种能为学习者提供反例信息的隐性反馈，并且其对于学习者发现差异和习得新的语言形式有着重要的作用。（Doughty&Varela，1998；Long & Robinson，1998；Oliver，1995），

综上所述，我们认为，重述为学习者提供关于其偏误的隐性反馈信息，同时通过一定的强调手段达到吸引学习者注意的目的。

近年来的重述研究主要致力于考察其存在和作用。关于重述是否存在的研究，主要从第二语言课堂环境中重述的发生频率入手（Lyster，

1998a；Lyster & Ranta，1997），也有的学者研究了儿童与成人互动时重述出现的频率（Oliver，1995）。事实上，这一问题的关键是，学习者是否注意到了重述。关于重述是否发挥了作用，很多研究主要通过学习者在"第三个话轮"①的重复或者反应行为来进行测量（Doughty，1998；Lyster&Ranta，1997；Oliver，1995）。因此，我们从课堂观察研究和实证性研究两个方面来回顾近年来第二语言习得领域中对重述的研究成果。

（二）课堂观察研究

1. 对重述频率的研究

关于重述对第二语言习得的影响和表现的观察研究主要是在 NS-NNS 互动和第二语言课堂中进行。二者都致力于研究第二语言学习者如何理解和使用重述。Oliver（1995）、Doughty（1998）、Lyster &Ranta（1997）主要从重述频率的角度考察了重述对第二语言发展的作用。

Oliver（1995）记录了 8 对 8 岁—13 岁儿童与 NS 进行双向互动的过程，发现 NS 对 61% 以上 NNS 存在偏误的话语进行了隐性否定性反馈（包括重述、重复、澄清式提问和检验理解）。其中，重述的使用频率比其他反馈类型低，但是，当 NNS 的话语含义清楚且只包含一个偏误时，NS 更趋向于使用重述，且其纠错作用非常明显。Oliver 的研究发现了本族语者使用隐性否定性反馈的不同情况，但是，这些发现还需要进一步跟踪研究的验证。

Doughty（1998）观察了教师反馈的不同类型及学习者对不同反馈的反应。他发现，最常用的反馈类型是澄清式提问、重复和重述。其中，使用最频繁（约 61%）、最易引起学习者重复的反馈类型就是重述，因为除了重述后跟随学习者的重复外，其他形式的反馈后面没有重复。但这仍不能确定是重述还是重复能够起到非语言暗示效果（暗示学习者重复并修正自己的初始话语）。Doughty 发现，成年第二语言学习者，能够感知到

---

① NNS 包含偏误的话语为第一话轮，紧接着的教师的反馈话语为第二话轮。第三话轮指紧跟在第二话轮后的学习者的反应话轮，常常包含学习者的重复、澄清式提问等。

重述与重复之间的差异，据此他认为，学习者重复重述的过程，反应了学习者对教师所传递信息的注意。但是，这项研究也发现，约有 79% 的教师重述没有得到学习者的成功重复，这与 Oliver（1995、2000）和 Lyster（1998b）的看法一致，即重复并不是唯一反应学习者对纠错性反馈注意情况的依据。

Lyster &Ranta（1997）比较了沉浸式法语课堂中 4 位教师的反馈行为。结果发现，对于较高水平的学习者，教师提供的重述频率也有所降低（约 39%）。这是因为，对于水平较高的学习者，语言中不合目的语的项目越来越少，因此教师趋向于用大量显性纠错性反馈为学习者营造挑战。这与第一语言习得关于重述的研究不谋而合，即随着儿童年龄的增长，成年人越来越少使用重述反馈，而是更喜欢使用显性纠错。Lyster&Ranta 也对学习者对不同反馈方式的"吸纳（Uptake）"情况进行了分类和研究。"吸纳"是指在教师反馈后学习者的话语，也包含教师试图吸引学习者注意力的部分所达到的效果（如学习者初始话语中包含的偏误，教师通过重述试图引起学习者对这一部分的注意，学习者在即时反应中，是否改正了偏误形式）。"吸纳"包含了一系列学习者的反应，从简单的用"嗯"表示赞同，到对教师反馈做出的重复或其他形式的自我修正，甚至当教师未提供足够的反馈信息时学习者自我进行的调整，等等。研究发现，虽然教师使用重述的频率最高，但其引起的学习者的"吸纳"最少，只有 31% 的教师重述获得了"吸纳"。这主要是因为教师在提供重述后，常常继续自己的话轮，不给学习者做出反应的时间。因此他提出了重述的延时效应。

2. **重述对习得不同语言项目的作用研究**

第一语言习得研究认为，重述对儿童习得不同语言项目的作用不同。第二语言习得的重述研究中，Lyster（1998b）和 Mackey、Gass& McDonough（2000）都发现，重述常常跟在句法形态偏误的后面出现，并能达到理想的纠错效果；在语音偏误后 NS 更频繁地使用协商和澄清式提问，因为学习者很少能从重述中发现对语音偏误的纠错性反馈；而面对词汇偏误时，教师倾向于使用形式协商①（negotiation of form）。Mackey et al. 认为出现这种情况的主要原因在于互动双方来自于不同的第一语言背景，因此为了保持互动的流畅性，语音的重要性常常被放在语法、词汇的后面。这项研究印证了第一语言习得关于重述研究的相关结论，即对于不同的语言项目，重述发挥的作用是不同的。

3. 重述在第二语言课堂中的作用研究

很多第二语言教师认为，在真实的语言课堂上，重述的纠错和强调作用并不明显。Seedhouse（1997）发现，教师很少明确告诉学习者话语的哪个部分是不对的。相反，大多数教师尽量避免直接告诉学习者他们已经发生了错误。这种避免使用显性纠错手段的行为将导致学习者无法意识到纠错性反馈，Seedhouse 将之称为"微弱反馈（mitigated feedback）"，而重述就是一种"微弱反馈"。

另外，第二语言课堂中的重述频率和分布情况也很难令学习者将之当作一种纠错性反馈。Lyster（1998a、1998b）认为，重述对儿童习得第一语言发挥重要作用，因为在第一语言的自然环境下，保姆对正确和不正确话语使用重述的频率是不同的。而在第二语言沉浸式课堂中，对错误形式的重述频率与对正确形式的重复频率基本一致，这导致第二语言课堂环境下的学习者很难将重述当作一种对偏误的反馈。而且教师常常对内容给予肯定，而通过改变话题来忽略错误。这种话题的转换，和与之使用比例基本相同的表赞同的信号（如"嗯""好"等）以及无纠错性的重复等，造成了重述作用的模糊性特点。

学习者能否注意到重述，也受到研究者的关注。Ohta（2000）使用了一种新的方法来确定学习者是否注意到了重述。她调查日语第二语言学习者对重述的反应，以教师提供纠错性反馈后学习者的"自我话语"（private speech）为研究对象。"自我话语"被定义为"学习者对自己所说的话"，亦即自言自语。Ohta 发现，当重述是对其他学习者或全班同学时，学习者

---

① 形式协商包括引导、提供元语言线索、澄清式提问、重复偏误等。与重述和显性纠错不同，这些反馈不为学习者提供正确的语言形式。

更容易对重述做出反应。她的研究支持了重述是一种突出性效应的看法。值得一提的是，Ohta 研究的是高度以形式为中心的课堂，而不是内容为基础的教学。因此，学习者更看中语言的形式和正确性，而不是话题任务等。这也就能解释 Ohta 与 Lyster & Ranta（1997）研究结论相反的原因：二者研究的课堂风格不通，后者的课堂以内容为中心。另外，观察群体的差异也可能导致不同。

4．小结

根据上述对重述的课堂观察研究，我们可以看出如下几个特点：

（1）研究的主要问题围绕重述的作用展开。研究的视角包括重述的频率、分布以及学习者的反应类型。关注的问题包括：针对不同的偏误类型，重述的不同作用；重述是作为语言反例还是正面信息而被学习者接受的；重述的频率对学习者造成的影响等。

（2）对重述进行的课堂观察研究采用的方法主要还是录音、录像以及访谈的方法。差异比较大的是测量重述的工具，包括学习者的重复、吸纳、自我话语等。但是，不可否认的是，在课堂互动这样一个复杂多变的环境下，这些工具都或多或少存在着一些问题。

（3）对于重述的课堂研究成果，比较一致的看法是，对于不同的偏误类型，重述的作用是不同的。另外，重述的频率及分布状况也制约着重述作用的发挥。并且，公认的看法是重述具有一定的突出性效应。但是，我们也要考虑到不同目的语和学习者水平等因素。

（4）对于重述的研究，仍有很多有待考察的问题，即重述是作为哪类信息而被学习者接受的，是反例信息还是正面信息？另外，学习者的水平差异、语言课堂的风格等因素是否会影响重述发挥作用，这一点也有待考察。总之，问题的症结在于，学习者能否注意到重述，以及哪些因素影响了学习者的注意。

（三）实证研究

1．重述对促进中介语发展作用的研究

大多数关于重述对第二语言发展作用的研究都是以双向互动的实验研

究进行的。

在 Long、Inagaki & Rrtega（1998）的双向互动实验中，他们考察了对学习者提供的不同反馈类型和输入形式的作用。学习者提前接受关于语言形式的正面输入信息（preemptive positive input）。结果发现，在缩短学习者中介语发展进程方面，重述比提前的正面输入更为有效。Mackey & Philip（1998）通过考察强化重述（intensive recasts）对同样的问题进行了探讨，并认为，目的语水平越高的学习者、其中介语发展越容易从重述中获益，但其前提是做好了习得高级形式的"发展准备"。这项研究的成果与 Carroll & Swain（1993）和 Long、Inagaki & Rrtega（1998）的研究一起为关于重述的注意研究提供了实证性的理论支持，即学习者能否注意到重述，受其已有目的语水平的制约；同时，对重述的注意也可能伴随学习者的即时反应，并存在着延时效应，因此，对重述作用的研究往往要经过一段较长时间的跟踪。

2. 对重述定位问题的研究

关于重述的实证研究也十分关注重述的定位问题，对这一问题的讨论主要围绕重述提供哪类信息展开。

Doughty & Varela（1998）在课堂环境下进行了一项实验研究，他们将重述定义为纠错性重述，既不包含元语言信息，也不影响话语交流的正常进行。这种纠错性重述包含两项功能：一是重复学习者的初始话语，以达到将学习者的注意吸引到偏误上去的目的；二是为学习者提供正确的第二语言形式的重述。研究结果表明，接受纠错性重述的学习者在使用频率和正确性方面都比控制组进步得快。研究者认为，对学习者偏误的重复与强调使纠错性重述比简单会话中的重述更具有显性特点，因此，如果重述伴随着其他附加暗示，如告诉学习者这是形式纠错而不单纯是意义协商，这将大大提高重述在第二语言课堂中发挥的作用。

为了区分语言反例信息和突出性正面信息，Leeman（2000）设计了一项区分语言反例信息和突出性正面信息的实验。结果表明，重述能作为一种纠错反馈成功地发挥作用，主要在于其强化突出性效应（enhanced salience）。

3. 小结

根据上述对重述的实证研究成果我们可以看出如下几个特点：

（1）实证研究关注的热点问题是重述如何作用于语言的发展，即重述能否促进语言形式的习得（Carroll & Swain，1993；Mackey & Philip，1998；Doughty & Varela，1998；等等）。另外，实证研究也对课堂观察中一些悬而未决的问题进行了探讨，如重述对不同的语言项目有何作用（Long、Inagaki & Rrtega，1998）、重述的定位问题（Leeman，2000）以及重述的即时效应和延时效应（Carroll & Swain，1993；Long、Inagaki& Rrtega，1998；Mackey & Philip，1998）。

（2）主要的研究方法是在 NS-NNS 一对一的双向互动中，通过分组和前测—后测相结合的方法进行考察。同时也包含了一些在课堂中的实验研究（如：Doughty & Varela，1998；Mackey & Philip，1998）。针对重述的实证研究，由于关注点是重述对语言形式习得的影响，因此往往以某种语言形式为研究材料，以其习得过程作为对被试分组的依据，通过考察重述对习得高等级语言形式的作用探讨重述对语言习得过程的影响（如：Carroll & Swain，1993；Mackey & Philip，1998；Leeman，2000；Doughty & Varela，1998）。其中，对英语问句习得受重述影响的研究成果最多，也产生了一套用图画诱导学习者使用问句形式的方法。这种方法被广泛运用于其他对语言反馈的研究中（Mackey et al.，1998；Mackey，1999）。

（3）对重述的实证性研究，取得了一些比较一致的看法。首先，很多研究表明，重述对于语法形式的发展有重要的作用，并且这个作用不是即时的，而是延时的（Carroll & Swain，1993；Mackey & Philip，1998；Doughty & Varela，1998；等等）。其次，重述作为语言反例的作用远远大于其作为正面信息的作用；也就是说，重述作为一种纠错性反馈，对促进学习者语言发展来说更为有效（Long、Inagaki& Rrtega，1998；Mackey & Philip，1998）。而 Leeman（2000）的研究承认重述是一种纠错性反馈，但强调，成功的重述在于重述中的强化突出性效应，而不是隐性的语言反例信息。这一点启示教学，重述后如果伴随显性的强调，将会更好地发挥作用。最后，对重述的相关实证研究，都或多或少为对重述的注意研究提供了理论和方法的支持。

（4）对重述的实证研究，仍存在一些有待解决的问题。比如，如何在互动中界定重述对学习者习得某一语法形式的影响，以及如何测量重述的作用，等等。

四、讨论

综合上述第二语言习得对重述的课堂研究成果和实证研究成果，我们归纳出如下特点：

（1）理论框架。第二语言习得对重述的研究主要依据的是 Schmidt（1990）提出的注意假说，因此，考察的主要问题是学习者能否注意到重述反馈，重述作为哪种类型的反馈而存在，以及重述对学习者语言发展的作用。

（2）关注的热点问题。第二语言习得领域主要的关注点是重述的作用，包括：重述的基本作用——即提供纠错信息还是正面信息，重述对习得不同语言项目（如语音、词汇、语法）的作用，重述对学习者语言发展的作用，等等。

（3）研究方法。第二语言习得研究领域对重述的研究，由于分为课堂研究和实证研究，因此采用的方法存在着显著的差异。前者以课堂观察为主，由于是课堂，因此受到教学程序的限制，并不是自然的 NS-NNS 互动。而实证研究多采用一对一的双向互动，对 NS 的反馈和 NNS 的反应各方面都加以限制。但是，很多实验研究的成果都为语言课堂提供了理论的支持。并且，二者的研究方法可以互相借鉴。

（4）有待解决的问题。首先，关于重述的定位问题至今悬而未决。其次，由于对重述的不同界定，各类研究的关注点也不同，第二语言习得研究更多地关注重述的突出性效应与纠错功能的关系。其三，第二语言习得关注的焦点问题是重述的作用，所以如何在互动条件下对重述进行测量就成了问题的关键。第一语言习得主要通过儿童的模仿和人造语言的方法进行测量。第二语言习得研究中，使用中介语的变化、重述后学习者的即时反应进行测量。因此，对重述的测量工具主要是考察学习者接受重述后的反应，这包含了重复，也包含了修正或调整。

我们认为重述研究的中心问题是，学习者能否注意到作为反例信息的重述，以及到底哪些因素制约着学习者对重述的注意。

第三节　研究设计

一、研究问题

（一）对研究问题的操作性定义

本文要研究的中心问题是，在一对一互动中，汉语学习者能否注意到汉语本族语者提供的重述反馈，以及制约他们注意度的因素。

在互动条件下定义和测量注意一直是相关研究的难点问题。考虑到在互动条件下定义和测量注意的难度，我们以即时回忆作为测量注意水平的工具。

即时回忆（immediate recall）被广泛应用于测量注意水平（Leow，1997、2000；Rosa & O'Neill，1999）。但是，由于目的语水平问题，学习者可能注意到了输入信息，但却无法回忆出来。比如，学习者可能意识到了重述中包含与初始话语不同的成分，但是却不知道哪一部分有所不同。Mackey et al.（2000）指出，对一定输入形式的注意，比如形式上的信息，不易受口头报告的影响；而其他输入形式，比如语音信息，则较容易受口头报告的影响。同样的，学习者也可能注意到了重述话语与自己话语之间的差异，但由于受工作记忆容量的限制而不能马上进行重新表述。因此，正确回忆是一项用途有限的测量注意的工具。因此，如果学习者能够即时准确地回忆出对语法形式的重述，则表明，注意在一定的水平上已经发生了：学习者发现了输入信息，并且在工作记忆中对其进行了一定量的加工，从而才能即时正确地回忆出来。

综上，我们对研究中心问题的操作性定义是：在 NS-NNS 一对一互动中，在重述后学习者能否即时准确地回忆出重述内容。

"即时回忆"是指在 NS-NNS 互动过程中，NNS 被试接受刺激后，在

"第三话轮"无间隔地马上回忆出之前的重述反馈。关于回忆重述的正确率，我们根据被试的即时回忆与重述和初始话语之间关系，将之划分为"修正性回忆（记作 X）""调整性回忆（记作 T）"和"没有回忆（记作 M）"三个水平（详见附录四）。"修正性回忆"是指 NNS 对重述话语的正确回忆；"调整性回忆"是指学习者对重述的回忆不正确，可是却对初始话语进行了调整；而对初始话语的重复和没有对刺激声音做出任何反应都记作没有回忆。

（二）研究问题及假设

1. 制约学习者注意度的主要因素

关于制约学习者注意的因素，根据"注意假说"和前人的研究，我们整理出如下四项主要因素：

（1）学习者对习得目的语的准备，包括第一语言具有偏向性的影响（Pienemann，1989、1999）和已有目的语知识的迁移作用（Carroll，1999；Ellis，1994；Gass，1997）；

（2）输入信息的影响，包括输入的频率及其突出性（Bardovi-Harlig，1987）；输入的熟悉性和新奇性，即输入信息与学习者初始话语之间的差距；输入语言内容的影响（Mackey et al.，2000）；

（3）互动过程的影响，如学习者主动参与会话的程度，以及互动任务的区别性及复杂性（Robinson，1995；Rosa & O'Neill，1999）；

（4）个人工作记忆水平的影响（Robinson，2001；Mackey、Philp、Fujii、Egi & Tatsumi，2002）。

因此，我们认为，学习者的语言水平从某种程度上影响了学习者对重述的注意。Long（1996）指出，学习者的语言水平对注意起着关键的作用，原因是：①高水平的学习者会主动从重复性练习中获益，使注意资源集中在会话过程中；②准备的作用。在特定的时期内，重述对于第二语言形式的习得有促进作用，Mackey & Philip（1998）以习得英语问句形式为内容，考察重述的作用。在双向互动中，让成年英语学习者听并使用问句形式。每一组都接受互动调整输入，而只有一组接受强化重述。Mackey & Philip 发现，绝大多数重述后，学习者几乎不改变他们的初始话语。而在使用较高级的问句形式方面，高水平的学习者通过重述，比通过没有重述的互动，进步得更快。而重述对较低水平学习者的作用则根据不同的互动类型而有所不同。由此我们认为，学习者能够感知到重述的纠错特点，但前提是他们做好了习得高级形式的"发展准备"，这一发现与Farrar（1990）关于第一语言习得的成果一致。也就是说，第二语言学习者可能会注意到超出自己现有水平的语言输入。此外，也有研究者通过考察学习者的已有知识来确定学习者的语言水平。Saxton（1997）指出，儿童依赖自己的已有知识来使用重述，发现不同的语法形式及其功能。Carroll（1999）也强调，习得由学习者的已有语法系统决定，学习者已有的语法系统帮助他们进行理解。有的第二语言习得研究者，将已有知识看作学习者对词汇和语法项目的熟悉性，认为它将影响学习者对特殊形式的注意（Gass，1997）。因此，Schmidt认为，在进行教学强调以前，尽管存在大剂量的输入，学习者也并不会注意到目标形式。

其次，重述的长度跟注意的能力有关。人的注意能力有限，信息单位可以在工作记忆中储存15—20秒；通过练习，停留的时间可能更长一点。同时，在工作记忆中存储的东西也受练习率和语音存储的衰退率的影响。因此，长的重述，可能超出短暂的语音存储极限，因此与短的重述相比，正确回忆率可能较低。

其三，重述反馈带有的一个鲜明特点就是其突出性效应，这主要体现在重述能够为学习者提供输入信息与初始话语之间的差异，以此达到吸引学习者注意的目的。我们认为，反馈对初始话语的改变及其改变项目的多少和差距都可能会吸引学习者的注意力（Doughty&Varela，1998），因为，只有突出性效应的重述，可能只被学习者当作沟通意义的工具（Lyster，1998b）。同时，重述对初始话语的改变也同样与学习者的注意能力发生关系。一些研究显示，重述一般发生在单个或多个偏误之后（Farrar，1992），如果重述与学习者的初始话语差异过大，则不宜于学习者的注意、理解和使用（Oliver，1995）。

2. 研究假设

通过上述的分析，我们归纳出三项制约学习者对重述注意的主要因素，即学习者的语言水平、重述的长度、重述与学习者初始话语之间的差异程度。据此，我们提出如下三项研究问题及假设：

（1）回忆重述的能力是否受学习者已有汉语发展水平的制约？

假设一：学习者的已有汉语水平越高，则正确回忆率越高；反之，学习者的已有汉语水平越低，则正确回忆率越低。由于全部被试来自于北语速成学院，都经过了严格的分班测试及为期约一个半月的汉语学习，因此各年级汉语学习者的汉语水平基本接近且趋于稳定，因此我们将学习者的已有汉语水平定义为年级水平4，即以 A ~ B- 班的学习者为初级水平阶段，B ~ C 班的学习者为中级水平阶段，C+ ~ D 的学习者为高级水平阶段。

（2）回忆重述的能力是否受重述长度的制约？

假设二：越短的重述，正确回忆率越高；反之，越长的重述，正确回忆率越低。我们以重述的音节数量作为测量重述长短的依据。重述的长短是相对的，而通过前期实验（请见附录五）我们发现，在所有重述句子中，重述的长度范围是4—10个音节，取其中点，我们以6—7个音节为基本点，小于等于6个音节的重述为短重述，大于等于7个音节的重述为长重述。

（3）回忆重述的能力是否受重述与初始话语之间差异程度的影响？

假设三：对初始话语的改变越小的重述，正确回忆率越高；反之，对初始话语的改变越大的重述，正确回忆率越低。我们将重述与初始话语之间的差异程度定义为重述对初始话语改变的语法项目的个数。根据前期实验数据，我们将改变语法项目的个数划分为三个水平：改变1个项目5、改变2—3个项目、改变多个项目（≥ 4）。

3．小结

本实验采用的是 3×2×3 设计，我们主要考察即时回忆重述的正确率与学习者的语言水平、重述长度和重述与初始话语之间差异程度的关系。因此，根据被试的回忆与重述和初始话语的关系，将回忆重述的正确率划分为"修正性回忆""调整性回忆"和"没有回忆"三个水平，其中，修正性回忆即正确回忆，是本研究要考察的主要内容。

汉语学习者的语言水平我们将之操作性定义为学习者的学习等级，即初级水平、中级水平和高级水平。将重述的长短划分为两个水平，小于等于 6 个音节的重述为短重述，大于等于 7 个音节的重述为长重述。将重述与初始话语的差异程度划分为三个水平，即：改变 1 个项目、改变 2—3 个项目、改变多个项目（≧ 4）。

二、研究材料

本研究实验任务所使用的材料包括两种：一是互动提示单（参见附录六），二是实验任务所使用的图画。互动提示单由 10 个提示性问题组成，提示 NNS 按照提示问题向 NS 提问，以获得 NS 的基本信息，从而展开互动。第二种实验材料是连环画。根据前人研究，图画是有效考察学习者对互动反馈的注意情况的有效手段，可以为目标结构提供上下文语境，并为互动双方提供互动调整的机会（Mackey，1998、1999；Pienemann，1999）。我们从《看图说话》（下）选取了两套较有趣味性和体现中国文化一角的连环画，每套四幅，并且不包含文字信息，以确保学习者的注意完全集中在与会话者的对话中。处于初级水平阶段的 NNS，基本可以在 NS 会话者的帮助下了解图画要表达的意思。但是，为了适用于较高水平的 NNS 被试，我们对 NS 会话者进行了培训，即对处于中级和高级水平阶段的被试，NS-NNS 的互动交流主要围绕这些图画的内涵和文化意义展开，要求使用较为复杂的句式和语法项目，以保证互动话语体现 NNS 的真实汉语水平。

本研究以 NS 对 NNS 语法偏误提供的重述反馈为主要研究材料。这是因为很多前人研究表明，重述对促进学习者语法形式的发展有着比较明显的作用。Farrar（1992）发现，重述"不总是促进语言习得"。在他的研究中，重述总是与被动语态和复数的习得有关，而与其他语言项目（词汇、语音等）的习得无关。Carroll & Swain（1993）设计了一项实验，用来考察各类反馈对成年英语学习者习得与格动词及句式的影响。四组学习者通过循环接受四种不同的反馈环境，第 5 组作为控制组，接受任何处理。事先学习者接受培训，并告知有的动词可以进行替换，有的则不能。还要告知学习者，当他们发生错误时，教师会提供反馈。四种反馈类型从显性程度和完整性上有所不同。为 A 组学习者的动词替换形式提供显性元语言信息；当 B 组学习者发生错误时，明确地告知发生了错误，但不进行解释或更改错误；C 组学习者发生错误后，接受 Carroll & Swain 所定义的 "隐性的否定性反馈"，亦即重述。在该实验组中，学习者被告知当他们发生错误时，有反馈，但是当给出反馈的时候，对话者并不明确地指出学习者的话语是不正确的。当 D 组学习者发生偏误，研究者只提问学习者是否肯定自己的句子是正确的。这就提供了一种隐性的环境，即：即使学习者话语中存在偏误，也不为他们提供正确形式。Carroll & Swain 的研究结果显示，在即时回忆和一个星期后的延时回忆中，所有反馈组的学习者都比控制组表现得好。在第一次回忆环节中，A 组学习者的表现明显优于 B 组和 D 组，但是明显差于 C 组，即重述组。而在第二个回忆环节中，A 组的表现则优于所有的组。这项实验，有力地证明了重述对于习得语法形式的重要作用，同时，也对重述的即时效应和延时效应提供了实证，为关于重述的注意研究提供了方法论的指导。因此，我们认为，对语法形式提供重述，便于通过即时回忆情况考察学习者的注意度。

三、被试及分组

本研究的被试是汉语第二语言学习者，全部来自于北京语言大学汉语速成学院，共计 45 名①，其中，17 名第一语言为英语的学习者，8 名日本学习者，7 名韩国学习者，2 名德国学习者及 11 名东南亚学习者。选取的标准是北京语言大学速成学院的分班考试，这是因为经过分班考试及为期一个半月的汉语学习和沉浸式生活后，其汉语水平趋于稳定。其中，A 班

---

① 北语速成学院的学习等级分为：A0, A 普, A+, B−, B 普, B+, C−, C 普, C+, D 十个水平。其划分的标准主要是依据《汉语水平等级标准与语法等级大纲》（国家对外汉语教学领导小组办公室汉语水平考试部, 1996 年）。经过 20 周的强化汉语学习（6 课时 / 天，5 天 / 周），A0 ~ B− 达到初等水平，即掌握普通话全部声韵调，甲乙两级词 3000 个左右，甲乙两级汉字 1600 个，甲乙两级语法 252 项，具备基本的日常生活、学习和一定范围内的社会交际能力，具有基本的听说读写能力；B ~ C 达到中等水平，即掌握普通话全部声韵调和轻声、儿化，甲乙丙三级词 5253 个，甲乙丙三级汉字 2205 个，甲乙丙三级语法 652 个，能够进行一般性日常生活、学习和一定范围内的工作，具有一般性的听说读写能力，基本具备在中国高等院校入系学习的语言能力；C+ ~ D 应达到高等水平，掌握普通话全部声韵调和轻声、儿化，能够使用甲乙丙三级词及丁级词的一半，约 7000 个，甲乙丙三级汉字及丁级汉字的一半约 2555 个，甲乙丙三级语法及丁级语法的一半约 910 项，能够明白报刊、电台、电视台的一般新闻，进行各种社交活动和一般性工作, 初步显示汉语运用的得体性, 基本适应不同语体的不同需要。

学生 10 名，B- 班 5 名，B 班 8 名，C 班 7 名，C+ 班 9 名，D 班 6 名。全部被试为自愿参加实验，实验前被告知实验任务是与中国人进行互动交流，并包含录音过程。这些学习者来自于不同的第一语言背景，处于不同的汉语发展阶段，学习者将与母语为汉语普通话的本族语者进行历时 25—30 分钟的双向互动实验。

　　与 NNS 被试进行互动的是三位母语为汉语普通话的中国人，全部为北京语言大学对外汉语教学相关专业硕士研究生，具备 1—2 年的教学经验，因此对 NNS 的语言水平和发展阶段有比较清楚的了解，事先经过培训及互动演练。实验过程中，学习者将被随机安排与本族语者进行会话，每一实验时间段（约 30 分钟）内进行 NS-NNS 一对一的实验。

四、实验过程

　　考虑到互动研究的灵活性特点和跟踪研究被试易于流失的特点，我们设计了扩大被试数量的准跟踪实验研究方法，即在保持一定被试数量（≥ 30）的前提下，选取从初级水平阶段至高级水平阶段不同水平的汉语学习者（根据北京语言大学速成学院分班考试，被试来自于 A—D 班），这样就保证了从 NS-NNS 互动中采撷到的整体数据可以基本代表学习者在不同语言发展阶段上对重述的注意情况。

　　每一对 NS-NNS 互动组都经过 25—30 分钟的实验处理。实验包括四项程序。首先为热身阶段。NS 随机说一串数字，在两次刺激声音后（NS 随机安排的声音）要求被试马上回忆出这一串数字的最后 2 个数字，如例 3。考虑到工作记忆能力和学习者的紧张情绪，NS 提供的数字范围是 0—99。结果显示，95% 的 NNS 顺利完成了这项热身练习，只有两名被试由于未理解训练要求而未能完成任务。

　　例 3　NS：9、0、66、55、3、6、4（刺激）

　　　　　NNS：6、4（回忆）

热身训练后的第二项任务为根据互动提示单进行的提问任务。将互动提示单发给被试，由被试根据互动提示单向 NS 发问。考虑到被试不同的汉字水平和母语背景，我们使用汉英对照的问卷。要求 NNS 被试对所有提示问题进行发问，由对话者进行回答，同时也提问 NNS 一些相关问题。此互动过程中，一旦被试发生语法偏误，NS 将为 NNS 提供重述反馈，反馈后马上发出刺激声音，要求 NNS 被试在下一话轮对 NS 的重述进行回忆，并且 NS 不对 NNS 的回忆做出任何反馈①，持续进行该话题。如果学习者没有注意到刺激声音或者回忆发生了障碍，NS 也不提供任何提示，而是等待 3—5 秒钟后持续话题，以确保 NNS 有足够的时间调动工作记忆，如例 4 和 5。

例 4（被试没有回忆 NS 的重述）

　　NNS：你为什么喜欢不喝咖啡？（偏误）

　　NS：你问我为什么不喜欢喝咖啡吗？（重述及刺激）

　　NNS：对。（M）

　　NS：（等待 3—5 秒）因为我不喜欢喝苦的东西。

例 5（被试遇到回忆障碍或没有注意到重述信息而停顿）

　　NNS：他为什么不睡觉，考试没有一天。（偏误）

　　NS：是呀，我也很奇怪，离考试不到一天了，他怎么不睡觉呢？（重述及刺激）

　　NNS：……（M）

　　NS：（等待 3—5 秒钟）我想他很担心明天的考试，你觉得呢？

第三项是图画任务。为了确保图画材料可以促进互动交流，我们主要设计了两项任务，见下表 3-1。

----

① 无话语或行为上的反馈或者暗示，并且事先告知学习者会话中没有纠错。

表 3-1　在测验和处理中的任务材料

任务	描述
互动提示单 完成图画故事	按提示单向 NS 提问 通过问问题完成故事
图画排序	给图画排列顺序

第一是完成图画故事任务，NS 对话者将图画依次呈现给 NNS 被试，每呈现一幅图画，NNS 要通过提问，使 NS 对话者为其讲述图画的内容，然后，由被试自己完整地把图画内容讲出来。第二是图画排序任务。被试将 4 幅图画打乱顺序一起呈现给学习者，学习者通过向 NS 提问，获得相关信息，然后将图画重新排列起来，并完整地把图画内容讲出来。在进行上述两项图画任务的过程中，一旦 NNS 发生语法偏误，NS 马上提供重述反馈，具体的处理方法同互动提示单的方法。为了避免学习者对实验任务的猜测，我们也设计了一些干扰任务，即在互动过程中，随机要求学习者对 NS 的非重述话语或一般陈述性话语和 NNS 自己的话语进行即时回忆，这部分数据不列入数据考察范围。

第四节　结果

一、数据分析方法

由于本研究中得到的数据并不是等量分布，因此我们在进行数据分析时，以相对频率作为考察的对象，同时以对频次的考察作为参照。我们主要采用单因素方差分析和配对 T 检验的方法对数据进行检验。单因素方差分析用于考查不同水平组组间的差异，而配对 T 检验用来检验不同组内关于正确回忆率的不同变量之间的差异。我们将显著性水平定义为 0.05。

二、初步数据分析

NS 对 NNS 在互动交流中使用的所有不合目的语语法规则的话语提供

重述，因此，重述的数量与学习者偏误的数量基本相同①，如下表 3-2。表 3-2
反映了 NS 母语者针对 NNS 被试的语法偏误提供重述的情况。通过录音转
写，我们共获得有效重述 494 个，其中高级组获得 244 个、中级组 134 个、
初级组 116 个。各水平组人均获得重述 11 个，其中初级水平组和中级水平
组获得重述的平均数基本一致，为人均 7—9 个；而高级水平组获得重述的
人均个数陡增至 16 个。因此，初中级水平组和高级水平组之间，NNS 获
得的重述数量呈现陡增的趋势。对于这种发展趋势，我们认为可能的解释是：
初级水平组和中级水平组的学习者在面对具有一定难度的问题时，倾向于
采取回避策略，因此偏误较少，相对的 NS 提供的重述数量也比较少。而
高级水平组面对的 NS 提供的挑战更多，无法采取回避策略，因此偏误较多，
与之相应获得的重述数量也较多。我们认为，这种各水平组之间重述数量
增加的趋势恰恰反映出了 NNS 被试汉语水平的差异。

表 3-2　母语者为学习者提供的重述数量

组	重述		
	n	N（个）	M（个）
高级水平	15	244	16.27
中级水平	15	134	8.93
初级水平	15	116	7.73
总计	45	494	10.97

　　注：n 为各组参与实验的 NNS 人数；N 是母语者根据学习者语法偏误提供的重述个数；M
为各组母语者提供重述数量的平均数。

表 3-3　母语者为学习者提供的重述——长度及差异情况

组	重述长度			改变项目个数		
	n	长重述	短重述	1 个项目	2-3 个项目	≥ 4 个项目
高级水平	15	113	131	91	80	73
中级水平	15	63	71	49	41	44

　　① NS 为 NNS 每一个不合目的语语法的话语提供了重述；同时也人为提供刺激，考察学习者
对重述以外，其他互动话语形式的注意情况，以避免学习者进行猜测，从而影响实验效果。
但这类数据不在考察范围之内。

组	重述长度		改变项目个数		
	n	长重述	短重述	1 个项目	2–3 个项目	≥ 4 个项目
初级水平	15	50	66	46	37	33
总计	45	226	268	186	158	150

表3-3反映了NS为NNS被试提供重述的具体情况。由表我们可以看出，共提供长重述226个，短重述268个；改变1个项目的重述186个，改变2—3个项目的158个，改变多个项目的重述150个。通过进一步分析我们发现，高级水平组和中级水平组NNS获得长重述的相对频率基本一致，约为47%左右，高于初级水平组（约为43%）；而初级水平组则较频繁地接受短重述，约为57%，高于高级水平组和中级水平组（约为53%）。由此，我们认为学习者的语言水平与重述的长度也存在着一定的关系，即高级水平组更频繁地获得长重述，而初级水平组更频繁地获得短重述。具体情况还有待进一步的分析。

我们按照重述对初始话语改变项目的多少将NNS获得的重述划分为三类，如下图3-1。从图中我们可以看出：对于改变一个项目的重述，初级水平组获得的平均数比其他两组高约5%；对于改变2—3个项目的重述，初级水平组和高级水平组获得的平均数较为一致（约33%），而中级水平组较低；对于改变多个项目的重述，中级水平组获得的平均数明显比其他两组高约5%。由图3-1我们基本无法看出NNS的汉语水平与重述和初始话语之间差异的关系，但是，可以明显看出，各水平组都更频繁地获得改变1个项目的重述，而随着改变项目个数的增加，各组获得的重述数量也基本呈现递减的趋势。

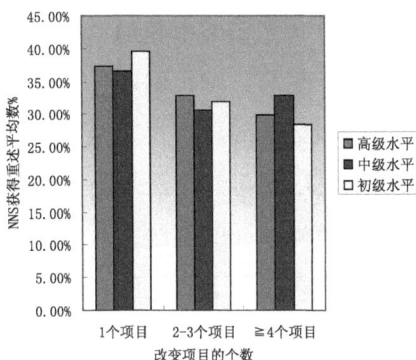

图 3-1　各组获得重述情况——改变项目的个数

三、假设检验

（一）学习者对重述的注意度与学习者汉语水平之间的关系

1. 不同水平组之间的差异显著性检验

根据研究假设一，学习者的已有汉语水平越高，则正确回忆率越高；反之，学习者的已有汉语水平越低，则正确回忆率越低。因此，高级、中级、初级三个水平组的回忆水平是不同的。下表 3-4 为各组 NNS 学习者对重述的即时回忆情况，其中，修正性回忆即正确回忆。我们可以看出，高级水平组学习者的修正性回忆数量明显高于其他两组，而初级组及中级组学习者的修正性回忆数量差异不大。

表 3-4   不同组对重述的即时回忆情况（个）

组	修正性回忆	调整性回忆	无回忆	总计
高级水平	181	49	14	244
中级水平	98	27	9	134
初级水平	70	35	11	116
总计	349	111	34	494

我们以 0.05 为显著性水平，对不同组间学习者的正确回忆频次进行了检验，根据单因素方差分析结果（请见附录七），$F(2, 42) = 35.613$，$P < 0.05$。另据多项分析结果显示，初级、中级、高级水平各组之间关于正确回忆的频次的差异也是显著的。但由于所得数据非等量数据，这项结果只能证明不同水平组间对所获重述的正确回忆数量存在显著差异，并不能说明学习者的已有汉语水平越高，则正确回忆率越高。因此，我们对各水平组进行了基于相对正确回忆率的单因素方差分析。相对正确回忆率采用的是相对频率法，"正确使用相对频率法是为了解决语料分布不均，且样本容量小、无法进行等量随机抽样的问题，从而使数据具有可比性"（施家炜，1998）。该算法可建立在如下假设的基础上：在本研究所获得的语料中，学习者修正性回忆（即正确回忆）的相对频率越高，则其正确回忆率越高；反之，越低。方法是：学习者在某语言水平上的修正性回忆相对

频率＝学习者在某语言水平上的修正性回忆频次／某语言水平上所有学习者回忆重述频次之和。

不同水平组间基于相对正确回忆率的单因素方差分析结果如表 3-5，$F_{(2, 42)}=2.084$，P=0.137，P＞0.05，因此我们认为，实验设计所划分的初级、中级、高级三个水平组对重述正确回忆率的影响差异不显著。

表 3-5 不同水平组间基于相对正确回忆率的单因素方差分析

correct recall

	Sum of Squares	df	Mean Square	F	Sig
Between Groups	7.913	2	3.957	2.084	0.137
Within Groups	79.719	42	1.898		
Total	87.632	44			

2. 不同水平组正确回忆率的分布情况分析

表 3-6 反映了不同水平组的修正性回忆分布情况，从中我们可以看到，高级水平组和中级水平组的修正性回忆率基本一致，约为 73%—74%，明显高于初级水平组的修正性回忆率，约为 60.34%，这呈现出初级水平组和中高级水平组之间的两极分化并上升的趋势。下图 3-2 是关于各水平组回忆重述情况的分布图，进一步验证了这项趋势，中高级水平组关于修正性回忆、调整性回忆和无回忆的相对频率基本一致；初级水平组的调整性回忆率明显高于其他两组（高级水平组和中级水平组为 20% 左右，而初级水平组为 30%），而无回忆的相对频率约占 10%，也高于中高级水平组。因此我们认为，不同水平组间对重述的正确回忆率虽然没有显著的差异，但是却呈现一种初级水平组和中高级水平组之间的两极分化并上升的趋势，这种趋势一定程度上反映了学习者已有目的语水平对重述正确回忆率的影响。

表 3-6 不同水平组的修正性回忆情况

组	n	修正性回忆		
		M%	SD	SD of M
高	15	74.18	3.6930	0.9535

续表

组	n	修正性回忆		
		M%	SD	SD of M
中	15	73.13	1.4 075	0.3 634
初	15	60.34	1.7 593	0.5 973

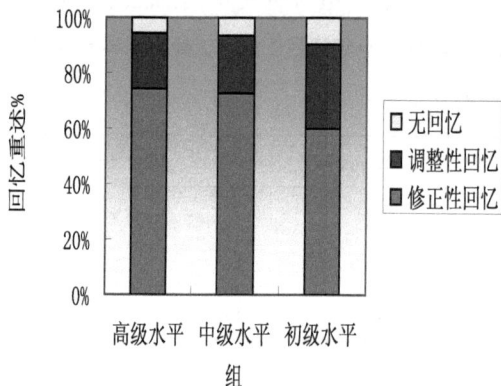

图 3-2　各水平组回忆重述情况

因此，由于初级水平组和中高级水平组之间存在着较为明显的两极分化趋势，我们将中级水平组和高级水平组的数据归并在一起，然后对初级水平组和中高级水平归并组二者之间进行了基于相对正确回忆率的单因素方差分析，结果如表 3-7：F（1，43）=4.247，P=0.045，P < 0.05。这表明，初级水平的学习者和中级以上水平（含中级水平）的学习者对重述的正确回忆率存在着显著的差异。

表 3-7　对初级水平组和中高级水平归并组之间基于相对

正确回忆率的单因素方差分析

correct recall

	Sum of Squares	df	Mean Square	F	Sig
Between Groups	7.877	1	7.877	4.247	0.045
Within Groups	79.756	43	1.855		
Total	87.632	44			

根据上述分析，初级水平和中级以上水平（含中级水平）的汉语学习者对重述的正确回忆率存在着显著的差异，并且呈现逐渐上升的趋势。因此，

对分组进行调整后，研究假设一得到支持，学习者汉语水平越高，其对重述的正确回忆率也越高；反之，越低。

（二）学习者对重述的注意度与重述长度的关系

1. 重述长度对正确回忆影响的配对 T 检验

研究假设二认为，在不考虑 NNS 汉语水平的前提下，重述的长度将影响其对重述的注意度，也就是说，对短重述，NNS 的正确回忆率高；反之，对长重述，正确回忆率低。由下表 3-8 可知，在获得的所有数据中，音节数大于等于 7 的长重述有 226 个，音节数小于等于 6 的短重述有 268 个。我们首先对重述长度对正确回忆的影响进行了基于频次的配对 T 检验，结果显示（请见附录八），t（44）=3.365，P ＜ 0.05。因此我们认为，在不考虑 NNS 汉语水平的前提下，重述长度与正确回忆的频次存在显著差异。为了进一步考察重述长度对正确回忆率的影响，我们进行了基于相对正确回忆率的配对 T 检验，结果（如下表 3-8）表明，学习者对音节数小于等于 6 的短重述的正确回忆率高于对音节数大于等于 7 的长重述的正确回忆率，t（44）=3.847，P ＜ 0.05，而根据 Eta squared result， η2 =0.61，因此，约有 60% 的数据变异是由重述长度引起的。由此我们认为，重述长度对学习者正确回忆率的影响有显著的差异，研究假设二得到统计上的支持。

表 3-8　重述长度对正确回忆率影响的配对 T 检验

| | Paired Differences | | | | | | | |
| | | | | 95% Confidence Interval of the Difference | | | | |
Mean	Std. Deviation	Std.Error Mean	Lorwer	Upper	t	df	Sig.（2-tailed）
Pair1 长重述 – 重述	−0.65 217 404	1.13 732 765	0.16 954 280	−0.99 386 509	−0.31 048 299	−3.847	44	0.000

2. 重述长度对不同水平组正确回忆率的影响情况分析

下图 3-3 反映了重述长度对不同水平组正确回忆率的影响情况。由图我们可以看出，三个水平组对短重述的正确回忆率都明显高于对长重述的正确回忆率，这进一步支持了我们的研究假设二。此外，高级水平组和中级水平组对短重述的相对正确回忆率基本一致（约为 40%），明显高于初级水平组（约为 35%）；而中高级水平组对长重述的相对正确回忆率也基本一致（约为 34%），明显高于初级水平组（约为 26%）。这也进一步支持了我们在研究假设一得到的结论，即初级水平组和中高级水平组之间在对重述的正确回忆率方面呈现两极分化并有上升的趋势。我们认为，重述的长度对 NNS 汉语学习者的正确回忆率有显著效应，因此学习者更容易正确回忆出音节数小于等于 6 的短重述。

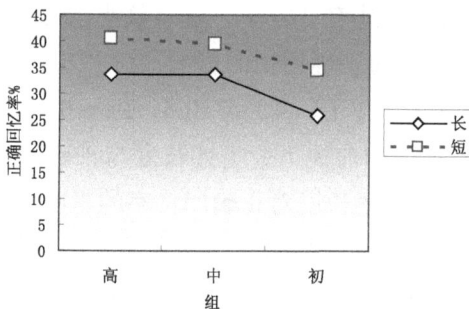

图 3-3　重述长度与正确回忆率

（三）学习者对重述的注意度与重述和初始话语之间差异的关系

1. 改变项目个数不同的重述之间的配对 T 检验

我们认为，NS 提供的重述与学习者的初始话语之间存在着差异，这个差异就是学习者不合目的语的部分，而这种差异的大小也影响着学习者对重述的注意度。因此，根据研究假设三，重述与初始话语之间的差异越小，正确回忆率越高；反之，差异越大，正确回忆率越低。在不考虑 NNS 汉语水平的前提下，我们对改变项目个数不同的重述进行了配对 T 检验（如下表 3-9）。结果显示，对于所有水平组来说，只有当改变的语法项目个数大于等于 4 时，其对于相对正确回忆率的影响才比较显著 t（44）=2.387，P < 0.05。根据 Eta squared result，η2 =0.445，因此我们可以认为，当改变的语法项目超过 4 个时，关于正确回忆率的变异有 44.5% 是由改变项目个数引起的。而改变 1 个语法项目和改变 2—3 个语法项目的重述，以及改变 2—3 个语法项目和改变多个语法项目的重述之间，其两两配对 T 检验的结果，P > 0.05。由此我们认为，在不考虑学习者已有汉语水平的前提下，改变 1 个语法项目和改变 2—3 个语法项目的重述对学习者正确回忆的影响基本一致；而当重述对初始话语改变的项目等于或超过 4 个的时候，则将较为显著地影响学习者对重述的正确回忆率。因此，我们认为，对于汉语学习者来说，重述与初始话语的语法差异，其范围在 1—3 个语法项目之间，学习者对重述的即时回忆情况基本一致；而当改变的语法项目超过 4 个时，学习者对重述的正确回忆则具有一定的难度。

表 3-9　改变项目个数不同的重述对正确回忆率影响的配对 T 检验

		Paired Differences							
					95% Confidence Interval of the Difference				
		Mean	Std. Deviation	Std.Error Mean	Lorwer	Upper	t	df	Sig.（2–tailed）
Pair1	one change–2–3changes	0.25 809 805	0 .96 579 167	0.14 397 172	–0.3.206E–02	0.54 825 399	1.793	44	0.080
Pair2	one change–more than four	0.40 501 281	1.13 808 743	0.16965 606	6.309E–02	0.74 693 213	2.387	44	0.021
Pair1	2–3changes–more than four	1 469 147+	1.22 221 948	0.18 219 772	–.22028062	0.51 411 014	806	44	0.424

2．改变项目个数不同的重述对各组正确回忆率的影响情况分析

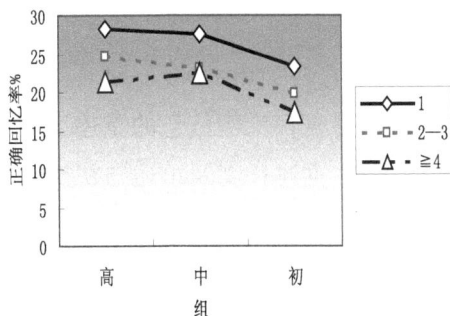

图 3-4　改变项目个数不同的重述与正确回忆率

上图 3-4 反映了改变项目个数不同的重述对不同水平组学习者的正确回忆率的影响情况。由图我们可以看出：随着重述话语对初始话语改变语法项目个数的增加，各组的相对正确回忆率降低，也就是说，在不考虑学习者已有汉语水平的前提下，随着重述对初始话语改变语法项目个数的增

加，学习者对重述的正确回忆率呈现逐渐降低的趋势。此外，由图3-4也可以看出，在改变项目的各个水平上，中高级水平组的正确回忆率基本一致，明显高于初级水平组。因此，这再次支持了研究假设一的结论。

我们认为，在不考虑学习者已有汉语水平的前提下，学习者比较容易正确回忆出改变项目在4个语法项目以内的重述。

四、小结

我们的实验结果基本支持了研究假设，即在一定的语言环境中，汉语学习者可以通过与本族语者的互动注意到重述反馈。其中，在不考虑学习者已有目的语水平的前提下，学习者能够更容易地正确回忆出长度小于等于6个音节的短重述，也能够更容易地正确回忆出改变语法项目在4个以内的重述。值得一提的是，不同水平组对重述的正确回忆率经过调整也存在着初级水平与中级以上水平的显著差异，这说明，语言水平较高的汉语学习者将能够比较容易地正确回忆出重述信息。

第五节　讨论

由上述研究结果我们认为，在NS-NNS一对一互动中，汉语学习者可以注意到本族语者提供的作为语言反例信息的重述反馈，而其注意水平主要受学习者的已有汉语水平、重述长度及重述与初始话语之间的差异程度三种因素的制约。

一、学习者的语言水平

（一）对研究结果的解释

根据本研究的结果，初、中、高级三个水平组之间语言水平对学习者正确回忆率的影响差异并不显著，我们认为出现这种情况主要与分组的过程有关。经过对被试的后期调查我们发现，根据年级分组的被试，在开学后的一个半月学习时间内，其年级区分并不显著。以C班和C+班学习者为例，在开学后的半个月内，至少有 10% 的教学内容是完全重合的。而我们在选择被试时，C 班和 C+ 班的被试占中高级水平组的 53% 左右；同理，B- 班和 B 班学习者也存在着教学内容的重合性。因此这种重合性一定程度上影响了学习者的具体语言表现，这是造成各水平组组间差异不显著、而初级水平组和中高级水平归并组之间差异显著的一个主要原因。

我们的研究结果比较明显地呈现出初级水平与中级以上水平对正确回忆率影响的两极分化及逐渐上升的趋势。我们认为，这种趋势从一定程度上反映了学习者语言水平的差异。我们可以从学习者的语言偏向性、对输入信息的熟悉性两个方面对这种趋势进行解释。

（二）语言偏向性

1. 第一语言偏向性

学习者的语言偏向性可以用来解释学习者的第一语言水平和注意度之间的关系。第一语言习得和第二语言习得研究都认为学习者的第一语言知识将影响他们对输入信息的接受乃至接纳。一般来说，学习者已有的语法知识，可以作为输入信息的过滤器，也就是说，学习者或者拒绝接受他们已有语法知识无法解释的输入信息，或者依据自己已有的语法知识对输入信息进行调整。如例 6，一个处于初级水平阶段的英语母语背景学习者根据英语表达习惯对重述进行了调整。

例 6　NNS：哪儿……哪儿……他……吃饭？（初始话语）

　　　　NS：他在哪儿吃饭？（重述及刺激）

　　　　NNS：是，在哪儿他吃饭？（第三话轮：T）

显然，学习者在试图表达图画内容的时候产生了困难（第一句），于是他利用汉语的词汇和英语的语法规则进行表达。所以本族语对话者为他提供的重述中，增加了必要的介词"在"，并对语序进行了调整（第二句）。在"第三话轮"中，学习者注意到了重述中提供的介词"在"，这是英语中也存在的语法现象，所以学习者在回忆的环节中注意到了这一现象；但是，他并没有注意到或者注意到并未完全理解重述中关于语序的信息，所以他在回忆环节中仍根据英语语法对重述进行了调整。还是这个学生，在完成另一项交际任务时，使用了与上述第三话轮几乎同样的句式，如例7：

例 7 NNS：哪儿：在哪儿……他……看他们？（初始话语）

　　　NS：你是说他在哪儿看他们吗？（重述及刺激）

　　　NNS：对，在哪儿：：他在哪儿……看他们：看他们吃饭？

（表示停顿）　（表示思考的过程）　　（第三话轮：X）

我们可以看出，在学习者进行初始话语的表达时，他首先仍试图以英语的方式完成交际任务，可是例6对重述的回忆仍在其短时记忆中发挥作用，于是学习者出现了停顿及思考现象，最后，他按照跟刚刚回忆重述形式相同的句子来完成了任务。母语者同样提供了重述，纠正其语序偏误。在第三话轮，学习者显然注意到了重述与自己初始话语之间的差异，但是仍存在停顿及思考现象，我们认为这反映了学习者正在进行的汉英语法规则对比的过程。

由此，我们认为，学习者能够注意到他们的第一语言形式与重述话语之间存在着的差异。可是由于其第一语言水平和已有目的语水平有限，造成他们对重述的理解是片面的，从而造成对于输入信息带有偏向性的接受和理解。

2. 记忆系统的偏向性

学习者对重述的回忆情况还包含了调整性回忆和无回忆两种情况，我们认为，这两种情况不能代表学习者对重述的注意，但是，出现这两种情况，可能的解释，除了学习者语言偏向性的影响外，还受其记忆系统偏向性的影响。也就是说，一旦某一语法项目经过学习者工作记忆的加工，进入短时记忆，经过多次加工进入长时记忆后，则再出现类似的语言环境时，学习者的记忆系统将优先提取这些经过多次处理的信息，如例7，学习者在例6的回忆环节中已经对介词信息进行了处理，并进入短时记忆系统，因此当例7出现了基本相同的语言环境时，学习者优先提取了这一储存后的信息，这反映了学习者对重述信息的注意和重述的延时效应。

3. 已有目的语知识的偏向性

从研究结果中我们还可以看出，学习者的汉语水平并不是影响其注意度的决定性因素，因为初级水平学习者也可以正确回忆出一些超出其现有语言水平的形式。如"他在做什么""面条四块钱一碗""她看上去很瘦"等，我们认为，这类句式拥有很强的定式特点，所以学习者只要记住这些定式中的形式规则，进行一定的替换，就可以使用。这也是很多研究者在以形式为中心 （form-focused）的课堂中考察重述作用显著的原因。另外，重述反馈对语言形式的强调，也为学习者提供了将输入信息纳入长时记忆的机会（Mackey，1999；Mackey&Philip，1998）。所以，重述对语言形式的强调可以帮助学习者接受及处理输入信息，并最终帮助其习得目的语。

（三）熟悉性

1. 语法熟悉性

学习者对输入形式的熟悉性是造成不同组之间正确回忆差异的另一个重要原因，尤其是对于较长的重述。如例8和例9分别是处于初级阶段和高级阶段的学习者对重述的回忆情况：

例8 初级水平

  NNS：他……看：打开……口袋……（初始话语）

  NS：他把口袋翻了过来。（重述及刺激）

  NNS：：：他：：口袋……口袋……翻：过来。（第三话轮：T）

例9 高级水平

  NS：他为什么这样问？

  NNS：因为他翻口袋：出来，没有钱。（初始话语）

  NS：他把口袋翻了过来，看到没有钱，对吗？（重述及刺激）

  NNS：是的，他把：口袋：翻：出来……不是不是，是翻过来，

     没有钱，所以问"面汤多少钱一碗"。（第三话轮：T）

我们可以看出，例8初级水平的NNS在表达过程中，由于尚未接触把

字句和复杂的趋向补语，因此在交际过程中只能使用简单形式作为替代，因此无法完成交际任务。而本族语者为 NNS 提供了关于把字句形式和趋向补语的重述，但是在"第三话轮"中，我们看到，NNS 遇到了比较大的回忆困难，尽管他注意到了语序的改变，但却无法正确回忆出把字句形式。这主要与其对把字句缺乏熟悉性有关。

例 9 为高级水平学习者对把字句重述的回忆情况。该学习者也试图回避使用把字句，但在该交际环境中，必须使用把字句。因此 NS 为 NNS 提供的重述中，给出了把字句形式。在"第三话轮"中，NNS 的回忆有停顿，但学习者的回忆是修正性的。这表明，在他的工作记忆中，对该重述信息进行处理虽然存在一定的困难，但由于把字句对其来说具有一定的熟悉性，并且已作为语言知识而保存在长时记忆中，因此，一旦营造出比较合适的语境，就很容易被调动出来。也因为如此，这种对把字句语言形式的熟悉性可以帮助他把注意力更集中在初始话语中不太确定的部分（如"出来""过来"）。

2. 语音和词汇熟悉性

语音熟悉性对于回忆来说也起着重要的作用。Service（1992）认为"学习者对语音的熟悉性能帮助他们将输入信息以语音形式存储在记忆系统中，并更容易被提取，进而进行重复"。如例 8，该学习者从来没有接触过把字句和比较复杂的趋向补语，因此，他只能把获得的信息以语音的形式存储在工作记忆中，如"翻"和"出来"，但由于不了解具体的含义，所以无法进行进一步的加工，也无法在回忆环节正确完整地表述出来。

另外，对词汇缺乏熟悉性也是造成正确回忆率低的原因之一，尤其对于初级水平学习者来说，词汇熟悉性是影响其正确回忆重述的一大重要原因。

总之，学习者对输入信息中目标形式的偏向性和熟悉性都是影响其对重述注意度的重要原因。由于学习者的语言水平不同，工作记忆容量有差异，因此那些工作记忆容量大、第二语言知识丰富的学习者将能更好地从重述中获益。

二、重述的长度

研究结果显示，在不考虑学习者汉语水平的前提下，短重述容易被正确回忆。我们认为，这主要是因为重述的长度与学习者的工作记忆容量有关，而其与学习者语言水平的关系不大。

我们认为，重述长度对注意度的影响，首先与学习者进行的对比有关。为了正确回忆重述，学习者首先要对已有语法知识和输入信息进行对比，找出其中的差异，在工作记忆中进行处理，然后存储到长时记忆中。早期关于词汇和句法习得的研究表明，短时的语音存储，通过一定的练习，可以使输入信息进入工作记忆，通过对比从而达到巩固（Ellis，1994）。很多研究者认为，通过听觉获得的记忆能力有限，但是如果可以在有限的时间内存储听觉获得的信息，并进行分析处理，那么，这些经过存储后的信息将帮助学习者解决今后获得的问题。因此，这些发现以及本实验获得的结果都表明，学习者将更多地从短重述中获益，因为短重述更容易在工作记忆中得到处理，并且进入长时记忆，得到存储。而长重述可能会超越学习者的语音存储能力，因此很难在工作记忆中进行对比，获得全面处理，也很难进入长时记忆，作为进一步使用的依据。所以我们认为，重述长度对于学习者注意度的影响主要在于其对于学习者工作记忆水平的影响。

三、重述与初始话语之间的差异

重述与初始话语之间的差异主要表现为重述对初始话语的改变，基于可操作性原则，本研究只考虑改变的语法项目。研究结果显示，接近初始话语的重述或者对初始话语改动较少的重述，更利于学习者的正确回忆。这支持了 Gass（1997）的看法，即"如果目的语与学习者话语差异过大，则学习者很难接受并理解，因此学习者也很难将输入信息与已有信息进行对比"。Oliver（1995）也认为，如果重述与学习者的初始话语差异过大，则不宜于学习者的注意、理解和使用。

重述与初始话语的差异影响了学习者对重述的注意，其分界点为 4 个语法项目。我们认为，这主要与汉语本身的特点有关。一般来说，汉语的一个音节代表一个字，而汉语中又存在着大量的单音节词、双音节词，语法形式也比较复杂，因此，当改变的语法项目数达到 4 个或以上的时候，也增加了重述的长度，同时超出了学习者记忆系统的容量，所以造成了回忆的困难。在我们的研究中，一些改变项目过多的重述，即使是高级水平的学习者也几乎无法完全注意到，如例 10：

　　例 10 高级水平汉语学习者

　　　NNS：有一个计划……现在泰国政府，就是，给汉语：汉语学习
　　　　　　机会，学生们小学开始，学习汉语在泰国：：上大学的时候，
　　　　　　学习汉语来中国。（初始话语）

　　　NS：哦，1 泰国现在有一个计划，2 政府从小学开始就为泰国人 3
　　　　　　提供 4 在泰国学习汉语的机会，5 上大学以后，还可以来中国
　　　　　　学习汉语，是吗？（重述及刺激）

　　　NNS：对，从小学开始，政府提供：机会泰国人学习汉语，大学以后，
　　　　　　学习汉语……（第三话轮：T）

　　该学习者是泰国人，语序问题是在她的话语中存在的主要问题。本族语者针对她存在的问题共提供了改变 5 个项目的重述，其中包括四处语序上的调整和一处用词的调整。在"第三话轮"中，学习者注意到了重述中有很多改动，但并没有全部正确回忆出来，期间还伴随着停顿和迟疑，回忆进行到一半，她就主动放弃了回忆。我们认为，这表明，重述与初始话语之间的差异，与工作记忆的容量有着密不可分的关系，同时，改变项目过多也可能会增加学习者的焦虑水平。

　　总之，我们认为，汉语学习者对重述的注意度不同，主要来源于学习者语言处理过程中的偏向性以及工作记忆容量的限制。

第六节　对实践的意义

一、本研究的适用性

有的学者认为，在实验室条件下进行的互动研究获得的成果，很难拿到课堂条件下进行应用。比如 Foster（1998）的实验研究是基于课堂环境的，可是她发现"学习者并不常在课堂环境下进行意义的协商"。Nunan（1991）也认为，实验结果并不适用于课堂环境，因为各种因素很难在课堂环境中得到控制。

其次，当我们谈到课堂环境的时候，我们首先要对课堂环境进行定义。各种课堂环境有着本质的区别。比如，汉语第二语言课堂与汉语作为外语的课堂存在着差别，而外语课堂与沉浸式课堂也是存在着本质差别的。

我们认为，习惯上所说的对外汉语课堂是一种沉浸式的汉语课堂，即学习者短时间内生活在中国，每天用汉语学习和生活，并且有大量的时间进行汉语强化学习。在这种情况下，我们认为本实验结果可以为对外汉语课堂教学提供一定的启示。

首先，本项研究是一项实验研究。参加实验的 NNS 都参加过北语的汉语速成学习，因此保证了他们都有较强的学习动机，也都能够主动地获取各种练习汉语的机会，另外也保证了他们的沉浸式学习方式和生活环境。此外，对这些学习者的学习动机的调查，我们也发现，绝大多数学习者希望今后能够使用汉语学习或工作，因此，互动性实验更加适合他们的要求。

其次，本研究采用的是 NS-NNS 一对一互动模式，经过实验控制；这显然与随意性较大的课堂环境有所不同，因此本实验研究成果是否能够使用于对外汉语课堂教学仍有待商榷，需要进行进一步的课堂实验研究。但是 Gass、Mackey &Ross-Feldman（2005）进行了一项旨在检验关于互动的实验研究成果能否应用于课堂的大规模实验研究。该研究让 74 名西班牙语学习者在课堂和实验室条件下分别接受三项任务，考察在两种环境中，学习者对语言形式及话语表达的习得是否有进步。结果显示，两种互动背景下，学习者对语言形式的习得进程基本一致，差异不显著。据此他们认为，差异主要来源于任务类型，而不是任务背景。这也就表明，一般情况下，以互动为研究内容的实验结果可以直接拿到课堂环境中进行验证及使用。因此，我们认为本研究成果也可以对对外汉语教学提供一些有益的启示。

其三，由于汉语本身的特点，目前国内的对外汉语教学，主要采用结构—功能—文化相结合的模式，而师生互动、生生互动都是课堂教学中的重要形式。尤其在强调教学互动的今天，语言知识的讲解、操练等都要融入互动的因素，以便增强课堂教学的实用性、趣味性。因此，我们认为，我们的实验结果对对外汉语教学有一定的指导作用，包括对课堂教学的启示以及汉语互动研究的启示。

二、对对外汉语课堂教学的启示

（一）对课堂纠错的启示

在第二语言课堂中，纠错是一个重要的环节，因为它直接联结着输入信息和学习者的输出信息，能够帮助学习者进行多项对比，包括：偏误话语与正确话语的对比、输入的新信息与已有目的语规则的对比、目的语规则与第一语言相关语法规则的对比等。在第二语言课堂中，常见的纠错方式有直接纠错和间接纠错两类，主要的区别是是否明确告知学习者偏误所在，是否打断交际互动。前者的典型是打断学习者的偏误话语，明确告知偏误所在、偏误成因，并提供修改方案，如例 11：

例 11　NNS：她照相，在两个树中间，因为……

　　　　NS：这样说不对，树的量词是棵，应该说两棵树……

　　　　NNS：她照相在两棵树中间……

　　　　NS："在两棵树中间"是状语，应该放在动词"照相"的前面，所以正确的句子是……

　　　　NNS：她：站在两棵树中间……照相。

由例 11 我们可以看出，NNS 进行表达时，存在着语序和量词使用的偏误（第一句），于是 NS 打断学习者的话语，并明确指出量词的偏误（第二句）；在第三句，学习者只照顾到了量词，仍存在语序上的偏误，NS 再次打断交际，指出语序的错误（第四句），在第五句，学习者终于正确地表达了这个句子，可是仍存在停顿，并且打断了学习者的继续表达。由此我们可以看出，直接纠错往往伴随着语法知识的讲解或强调，因此，这种纠错方式多用于语法翻译法或结构为中心的课堂教学中，或比较适合汉语语言专业的学习者。而对于一些注重交际，以尽快使用汉语进行交际为目标的学习者来说，频繁地直接纠错方法对促进习得进程效果并不显著。

重述是间接纠错的一种，它采取不打断交际、同时提供正确形式的方法为学习者纠错，既节省了时间，又达到了有效纠错的目的。尤其在课堂教学环境下，教师为一个学习者提供的重述反馈，可以成为对其他学习者提供的输入信息，从而大大提高了课堂教学效率。

关于重述在课堂教学中的纠错作用，我们对北京语言大学汉语速成学院的两位有经验的教师进行了访谈。他们表示，目前，对外汉语教学由于课程设计的不同，分为综合、口语、听力。因此，教学目标有差异，在纠错方式上也有所不同。一般来说，在强调培养综合汉语表达能力的综合课上，教师更常采用直接纠错方法，即明确告知学习者的偏误所在，并且进行直接改正。而在较注重培养交际能力的课堂上，教师使用的纠错方法既包括了直接纠错法，也包括一些间接纠错方法，其中，较常用的方法是澄清式提问（如下例 12）和重复学习者偏误，以引起学习者注意（如例 13），当然也包含一定的重述。

例 12 澄清式提问

NNS：你奶奶今年多大？

NS：你问奶奶的年纪吗？可以用"多大"吗？（澄清式提问）

NNS：哦，问奶奶……应该是"多大年纪"。

例 13 重复偏误

　　NNS：我明天下午见面我的中国朋友。

　　NS：见面我的中国朋友？（重复偏误）

　　NNS：对……，见面……我的中国朋友？

　　NS：跟……

　　NS：哦，跟我的中国朋友见面。

　　可见，澄清式提问和重复学习者偏误的做法，其用意是引导学习者进行自行纠错，如例 12，NS 提供的澄清式提问只是以提问的方式指出学习者的偏误"多大"，以引起学习者对自己初始话语的注意，有时教师会提供一定的纠错建议，如"可以用多大吗"。但是澄清式提问的显著特点是，教师不提供显性的纠错指导。通过重复偏误引导学习者自行纠错的方法（如例 13），常常伴随语音、语调的突显效应，并且需要形成课堂教学的互动习惯，才能达到有效引起学习者注意的目的。但是，这两种纠错方式虽然可以不打断交际话题，可是却打断了交际的进程。并且其主要做法还是强调语法知识。在口语课堂中，以重述作为纠错手段的方法使用频率较低，主要原因是教师担心学习者可能无法注意到这种作为纠错手段的重述。因此，我们认为，教师可以根据学习者的不同汉语水平，通过强化训练，帮助学习者养成对重述的注意习惯，从而更好地提高教学效率。

　　（二）对课堂教师用语的启示

　　教师用语（teacher talk）即在语言课堂中教师所使用的语言。教师用语既用于组织教学，同时也是学习者语言学习的对象，因为其中包含了关于目的语的新信息，因此对学习者学习语言有重要影响。在强调以学生为中心的语言教学中，如何最大限度地减少教师用语，节省教学时间，达到精讲多练，就更为重要了。

　　以"学生"为中心的语言课堂，一个重要特点是互动。因此我们的实验为互动中的教师用语提供了一个好的范式。因为教师提供重述以及学习者回忆重述的过程就是一个真实的互动交际过程。教师所提供的长度较短的重述以及与初始话语差异较小的重述，学习者会更多地从中获益。而之所以获益，不仅与学习者的工作记忆容量有关，同时也与学习者的已有目的语水平有关。因此，教师的课堂用语首先应充分考虑到学习者已有的汉语水平，提供难度相当的输入话语，同时也要充分考虑到学习者工作记忆的容量，尽量为学习者提供短而有效的输入形式。根据本研究，音节数在6 个以内的重述，对初始话语改动在 4 个语法项目以内的重述，学习者会更易于进行正确回忆，并且能够进入长时记忆，以备使用。因此我们认为，教师的课堂用语如果能尽量控制在 6 个音节左右，并且对学习者初始话语的改动在 4 个项目以内，可能更容易被学习者注意到，并且易于接受乃至理解。

在对两位教师进行的访谈中，他们认为，由于汉语本身的特点，教师对学习者的反馈用语，对学习者的初始话语改变项目在 3—4 个为宜；因为如果改变较少或无明显改变，则达不到对学习者注意的刺激，即达不到输入理论中的"i+1"。而改变项目过多，则不利于学习者接受以及吸纳使用，反而增加教学中的困难。这也从实践的角度，支持了我们的研究假设三。

（三）对课堂上的师生互动的启示

根据互动假说，互动，尤其是包含了意义协商和反馈的互动，可以促进第二语言习得，其原因主要在于互动为学习者提供了可理解的输入和互动性的反馈（Gass，1997；Long，1996）；同时，它推动学习者改变自己的初始话语。也就是说，互动可以为学习者提供机会，使他们形成关于自己的话语与目的语之间差异的假设，进而对自己不合目的语的话语进行修正或调整。正因为如此，目前，第二语言教学领域广泛强调互动，尤其是课堂上的师生互动，这是体现以"学习者"为中心的教学思路的关键环节。

重述是教师提供给学习者关于其偏误的否定性反馈，作为一种互动模式，它加强了正确的形式—意义联结，同时，使形式与偏误的联结也得到了削弱，填补了输入信息中的空白（Long，1996）。另外，这种师生互动的形式，即"学习者发生偏误——教师提供以交际方式进行的纠错——学习者肯定或否定重述——回忆并重复重述信息"，既为学习者提供了互动交流的机会，同时也为他们营造了理解、接纳、输出的机会。因此我们认为这种方式的师生互动模式可以在对外汉语课堂教学中广泛使用。

（四）对对外汉语课堂教学模式的启示

根据 Swain 的输出假说，在沉浸式课堂中的学习者很难达到本族语者的水平，这主要是因为他们有大量的获取可理解性输入的机会，但是他们没有足够的机会使用目的语，即缺乏语言输出。而互动过程中的否定性反馈可以为学习者提供发展第二语言的机会，因为它将给学习者提供理解的机会，同时加强他们对语言形式的敏感性，因此，否定性反馈可以达到吸引学习者对语言形式注意的目的，并且帮助他们发现自己的话语与目的语之间的差距，并且注意到输入信息中的特殊语言形式。重述就是这类反馈中的典型。因此我们认为，重述对第二语言形式教学有着重要的影响。而在如今的对外汉语教学实践中，尽管强调交际、任务、互动，但如果第二语言教学完全集中在经验式的语义交流上，而不注重语言形式的使用及练习，虽然可能提供大量的语言输入甚至语言互动，但结果却并不一定理想：可能有很多表达错误、中介语过程拉得较长、语言发展到了一定阶段后停滞不前、语言表达能力无法提高并接近母语者（靳洪刚，2005）。因此这一切目标得以实现的基础仍然是语言形式的教学，这是由汉语本身特点和第二语言学习要求速成的时代特点决定的。

而在对外汉语教学中，我们发现，尽管教师强调交际，强调互动融洽的课堂气氛，可是仍然会出现一些不利于互动的情况，比如：学生的句子过于简短；句式不够复杂；表达低于应有的语言水平，对较复杂的表达形式大量采用回避策略；句子或段落层次的连词用得不够多；会话交流中主动转换话题和对答不够；没有把学到的语言形式使用在实际交流中。

因此，孤立的语言形式或语言功能练习都无法改变这些问题。由于我们要培养第二语言学习者的综合理解能力、表达能力和协商能力，因此，有必要对目的语话语的一些特定形式有所了解。而重述反馈恰恰为学习者提供了接触新的语言形式的机会。

我们所说的语言形式是一种"事先包装好的语言"，即利用句中部分固定成分作为填充或替换的句型，它是教学专业人员经过系统整理，用详细的文字公式说明、解释的，贯穿各种课型的语言及语言策略重点，其选择标准能够反映一个课程的教学重点，如：sth/sb（很/最/非常/特别）受 sb 的欢迎/喜爱/支持/反对。另外，我们所说的语言形式既包括句子层面的形式，也包括段落层面的形式。其三，语言形式不但是语言处理过程中所需要的语言形式，也是沟通过程中可以利用的策略。最后，也是最关键的，这种语言形式的使用旨在利用有效的教学帮助学习者完成从语言模仿到创造使用语言的习得过程。

重述恰恰是能为学习者提供语言形式的有力工具。这是因为，重述是针对学习者存在问题的偏误部分提供的，因此保证了其针对某一教学重点难点；其次，教师提供重述的过程也是一个交际的过程，因此，学习者接受的不仅是单一的语言形式，还包括交流沟通的策略技巧。并且，对于高级水平的学习者来说，重述所提供的也不仅仅是句子层面上的形式，还可以上升为话语的层面。因此，这种形式可以有效地帮助学习者从最初的模仿，上升为创造性地使用目的语。在我们的研究中发现，通过重述反馈，学习者能够掌握一些新的语言形式。以初级水平学习者为例，经过重述反馈基本都掌握了"看上去 + 很 +adj""虽然……但是……""Sb1+ 帮 +Sb2+VP"等超出其现有水平的形式。

因此我们认为，由于汉语语法本身的特点，在强调交际和互动的对外汉语课堂中，我们同样可以以形式为中心进行教学，而重述能够在这种课堂环境下更好地为学习者提供输入信息、进行纠错性反馈以及组织课堂教学。

（五）小结

我们认为，重述作为一种课堂纠错方法、交流互动方式，可以为汉语学习者提供汉语与其母语的差异，可以提供关于汉语语言形式的新信息，也可以提供师生互动的机会，还可以提供大量的关于使用某种语言形式的策略，因此，其对于活跃对外汉语课堂，达到交流互动的目的，有着非常重要的意义。

三、对汉语互动教学研究的方法论启示

前文曾经指出，汉语第二语言研究领域中关于互动的研究少之又少，主要是因为这类研究要耗费大量的人力、物力，历时较长，得到的结果外延效度有限。但是我们认为，如果在接近课堂环境的实验条件下进行小范围的互动实验，然后将互动实验中获得的成果引入真实课堂中进行验证，就可以弥补上述不足。

由于研究时间及人力限制，本实验采用的是准跟踪研究，也就是选取不同水平的若干个汉语学习者，以从这些学习者获得的数据作一个历时的数据库，从而研究重述对不同水平上学习者注意情况的影响。我们认为，这种方法可以解决互动研究中历时时间过长的问题。但是，在使用这种方法时，我们一定要保证所选取的被试在各个方面的背景条件基本一致，并且保证参加实验的样本有一定的容量，否则可能影响实验结果。

第七节　结论

我们对 NS-NNS 一对一互动进行了录音，对录音材料进行了转写分析；并对有关教师和学习者进行了问卷调查和访谈。经过对相关数据的分析和讨论，本文提出的三项研究假设基本得到了支持，结论如下：

（1）学习者汉语水平越高，其对重述的正确回忆率越高，并且呈现出初级水平和中级以上水平之间两极分化并逐渐上升的趋势。

（2）在不考虑学习者已有汉语水平的前提下，学习者更容易正确回忆出音节数小于等于 6 的短重述。

（3）在不考虑学习者已有汉语水平的前提下，学习者更容易正确回忆出改变语法项目在 4 个以内的重述。

综上所述，我们认为，学习者能注意到教师提供的作为语言反例的重述反馈。此外，由于重述可以为学习者提供用于对比的语言形式，也可以为他们提供互动交际的机会和策略。因此，我们在对外汉语课堂教学中可以广泛使用这种反馈形式。本研究所采用的准跟踪研究方法，也可以为汉

语第二语言习得的互动研究提供方法论启示。

第八节　余论

我们希望本研究可以为汉语互动教学方面的研究提供启示：

首先，在根据语言水平对被试进行分组的时候，我们应该选取一种更为精确的测量工具，比如汉语水平考试的成绩。

其次，在时间允许的情况下，应该尽量进行带有前测和后测的实验研究，以考察互动对于汉语习得的作用。

再次，由于对互动的实验研究涉及到众多的参与者，因此应进行比较严谨的前期实验。我们认为，准跟踪方法可以用于大规模互动实验研究中的前期实验。

最后，我们认为，对外汉语的课堂研究中，互动研究是一个重要组成部分。可是目前相关的研究还没有展开，可以开展的研究包括多种反馈模式的作用研究、学习者对教师反馈的吸纳情况研究以及师生互动模式和生生互动模式研究等。希望我们的研究可以在研究视角和研究方法上为汉语互动研究提供一些启示。

第四章　任务型课堂互动实验研究

第一节　引言

第二语言习得领域关于课堂教学的研究表明，基于一定交际任务的课堂互动能够有效促进目的语习得，其中包括语言要素的习得，也包括语言技能的习得，并且有利于培养学习者交际能力和使用第二语言完成任务的能力。而汉语作为第二语言的教学，尽管我们一直在强调培养学习者的汉语交际能力，也形成了比较有效的宏观教学模式①，但大多数汉语课堂仍使用以语法结构为纲的传统课堂教学模式，对于如何有效利用课堂互动完成交际任务却少有关注；同时，也缺乏对相关的微观教学模式，即课堂教学模式的探讨。因此，本研究拟从初级汉语口语课堂入手，探讨汉语作为第二语言的互动式课堂教学模式。

近年来第二语言习得研究和教学研究一致认为，第二语言学习的最终目的是使学习者能够运用第二语言进行互动交流。但是，大多数第二语言课堂教学，或强调语法结构，或忽略结构一味强调功能，往往无法达到综合培养上述三种能力的目标。

---

① 国内公认的对外汉语教学模式，是在 70 年代中期趋于定型的。以我国基础汉语教学模式为例，至今大致经历了三个主要阶段，即"讲练—复练模式（1973—1980）""讲练—复练＋小四门模式（1980—1986）""分技能教学模式（1986 年至今）"（崔永华，1999）。目前，国内还存在着一些其他的教学模式，如马箭飞先生提出的以"交际任务"为基础的汉语短期教学模式，刘珣先生等学者倡导的"结构—功能—文化"相结合的教学模式，张朋朋（1999）提出的语文分开、集中识字的教学模式，孟国（1997）提出的实况视听教学模式，杨惠元（1999）提出的以语言微技能训练为重点的听说技能训练模式，等等。

通过实际教学观察和与其他教师的访谈，我们发现，在汉语课堂的师生互动中，常常出现四种不利互动的情况：

（1）学习者的句子过于简短、简单。学习者倾向于使用最简单的句子，甚至是词来完成交际；所使用的句式不够复杂，主要体现在关联词语使用不够多。

（2）学生的表达往往低于其应有的语言水平，尤其表现在不能把学到的语言形式使用在真实交际中，而倾向于使用初级阶段的简单句式来完成交际任务。

（3）在会话交流中转换话题和对答不够，主要表现为不会提出话题、持续话轮、通过发问转换话题以及结束等。

（4）尽管教师积极进行纠错，仍有很多语言形式偏误存在化石化倾向。

因此，我们认为，要解决上述问题，课堂教学一方面要注重形式与功能的结合，另一方面要通过模仿真实交际的师生互动和纠错技巧，帮助学习者在准真实语境下获得汉语交际能力。因此，我们拟以初级汉语口语课堂为主体，实践一种能使形式与功能有机结合的互动式课堂教学方法，考察其对促进学习者汉语习得的作用。

关于对外汉语教学模式、目前较有代表性的有马箭飞提出的以"交际任务"为基础的汉语短期教学模式、刘珣等学者倡导的"结构—功能—文化"相结合的教学模式等。这些教学模式同时指导着从教学设计、教材编写到课堂教学、教学评估等多方面，我们认为属于宏观教学模式；而目前对外汉语教学领域尚缺乏对单独的课堂教学模式，即微观教学模式的研究，也缺少一套行之有效的具有汉语特色的教学方法。而随着第二语言习得研究和第二语言教学研究的进展，人们发现，任何一种单独的教学法都不能完全适应目前学习者要求速成、实用的特点，人们正试图将各种教学法的长处融合起来，进而为我所用。因此，本研究选取第二语言教学领域中热门的交际互动为题，希望可以为建构对外汉语课堂教学的微观教学模式和建构适合汉语第二语言课堂的教学法提供一些启示。

第二节　研究设计

一、理论背景

（一）以形式为中心的任务型教学

随着交际法和任务型教学法的盛行，第二语言教学开始抛弃传统的以语法结构为纲的教学模式，强调功能意义在教学中的重要地位。但是，近年来很多第二语言习得和教学研究证实：第二语言教学如果一味强调经验式的语义交流，而不注重语言形式的使用和操练的话，虽然短期内可以带动语言互动，但其结果不够理想。问题主要表现在学习者只注重沟通意义，而表述错误过多；中介语过程拉得很长，甚至达到一定阶段后停滞不前，出现化石化，使学习者的语言表达能力无法提高或接近母语者。近二十年的第二语言习得研究也进一步证实，第二语言习得，尤其是成人的习得，必须通过一定程度的语言形式强化输入和练习，有意识地提高对语言规则的认识。因此，我们认为，第二语言的获得必须通过一定程度的形式练习，也就是以语言形式为中心的练习。

但我们所说的以形式为中心的第二语言教学，并不是传统意义上的以语法结构为中心的教学方法，而是以语言交流为前提、以语言形式为中心的教学法。它的课程设置围绕语言的两个侧面：形式和功能，并通过各种形式的交际活动或任务完成，其具有如下两个特点：

一是鼓励学习者在交际中接触语言形式，不断调整语言系统。方法是通过各种以语言形式为中心的互动练习，协商语义活动以及纠错，让学习者了解并掌握语言形式的使用规律及上下文。

第二是利用问答交流及任务活动，在提高语言结构意识的基础上，进行各种理解与表达性强化活动，进而让学习者的注意力集中在必要的语言形式上，以便在交流中建立语言系统并获得第二语言。

总之，这种基于任务的以形式为中心的教学方法，一方面可以通过师生问答和纠错让学习者有意识地获得语言结构及规则；另一方面也能通过课堂交际为学习者提供各种练习的机会，将固化知识转化为创造性知识。这将有效促进第二语言学习者对形式与功能的双重习得，同时可以为其提供大量在课堂中进行真实交际的机会，有利于将学习到的知识尽快转化为真实的第二语言交际能力。

（二）认知心理学基础

Schmidt 的"注意假说"认为，学习者为了习得新的语言项目，必须首先注意输入的语言项目。在第二语言习得的关键阶段，注意起着非常重要的作用，特别是学习者对差异的注意。也就是说，只有学习者有意识地从语言形式的角度考虑目的语，才能注意到目的语的规律性以及母语与目的语之间的差异，也才有机会进行语言分析、重组、自动化，最终使自己的中介语系统不断接近目的语。

在分析第二语言的习得过程时，研究者发现，有一些认知因素可以直接促进第二语言处理及习得（Doughty，1991；Ellis，1994；Gass，1997；Lightbown，1991）。这些因素包括：语言形式的高频反复、大脑中新旧知识的关联、语言形式突出性效应和语言反例等。

因此，我们尝试根据这些因素设计教学技巧和方法，建构一堂以任务为基础、以形式为中心、以促进学习者汉语交际能力为目标的初级汉语口语课。

二、研究问题

（一）研究目标

本研究希望通过教学实验，建构以任务为基础、以形式为中心、以促进学习者对差异的注意和提高其汉语交际能力为目标的初级汉语口语课堂教学模式。这种微观教学模式包含一次课的完整教学环节，即引入新课环节、互动讲练环节、完成任务环节和总结环节。我们将重点考察多种基于互动的教学技巧对促进师生互动和学习者汉语形式习得的作用。

（二）主要研究问题

围绕促进第二语言习得过程的各种因素，如学习者的注意、语言反例、高频反复等，研究者提出了一系列以语言形式为中心的教学技巧，我们根据速成汉语口语教学实际情况和实验目标，将之归纳为大剂量加强型输入、重述反馈、强化输出三类教学方法，并配合以任务为纲的教学材料，通过主题导入的方法考察上述教学技巧和方法对促进学习者口语表达正确性和成段表达流利性的作用。

1. 大剂量强化输入

大剂量强化输入主要基于高频反复和语言结构突出性效应的原理。方法是教师设置大量不同的语言活动，让学习者高频率、大剂量地接触目的语形式，以使学习者注意到目标结构的语言规律。同时，通过视觉、语调等方式，帮助学生树立起语言形式的结构意识。比如：在练习语言形式"……（地点名词：学校／教室／宿舍／家）的附近有很多……（名词：饭馆儿／商店／咖啡厅），所以，……（动词短语：吃饭／买东西／跟朋友聊天儿）很方便"时，教师可以通过变换多种提问方式加强对目标形式的输入，如"学校的附近有什么地方""什么地方附近有很多咖啡厅""你在哪儿吃饭很方便"等，然后引导学习者根据语言形式，将这些解答连接成较长的语段，从而表述一项语言功能，即介绍一个地方。为了达到突出性效应，我们可以通过多种手段强调这一语言形式的重点部分，常用的做法有视觉和听觉两类，视觉强调主要通过板书或投影仪完成，如加黑重点部分或使重点部分呈现彩色效果等。听觉部分主要通过语音、语调完成。如例1：

> 例1 ……（地点名词：学校／教室／宿舍／家）的附近有很多……（名词：饭馆儿／商店／咖啡厅），所以，……（动词短语：吃饭／买东西／跟朋友聊天儿）很方便。（板书或多媒体可以通过加黑等等方式呈现重点部分）

本研究将考察这种大剂量强化输入对促进学习者汉语口头表达正确率的作用。

2. 重述反馈

根据认知心理学理论，教师提供的语言反例信息能够促进学习者的结构再分析过程。传统第二语言课堂中常用的直接纠错方法可以为学习者提供目的语的规则信息，帮助学习者注意到中介语与目的语之间的语法结构差异，但是却会打断交际、影响互动。而重述（recasts）作为一种主要的间接反馈形式，其对于促进互动的积极作用，近年来受到了第二语言习得和第二语言教学研究的重视。

重述是在本族语者和非本族语者口头互动中本族语者经常使用的一种隐性反馈形式。其主要做法是在不打断互动、不改变学习者初始话语意义的前提下，本族语者改变学习者话语中不合目的语规则的部分，用另一种方法重新表述学习者的初始话语，从而达到反馈的作用。其主要特点是采取打断不唐突、改错不直接的重复法，顺着学习者的初始话语进行纠错，如例2。但是，重述不是简单的重复，因为它包含纠错的过程，也常常通过语调、重音等手段以达到突出性效应。重述也不是显性的纠错行为，因为本族语者不打断会话，也不明确地告知学习者偏误所在及偏误成因。

例 2　NNS：你喜欢不喜欢吃饺子吗？（NNS 的初始话语，存在偏误）

　　　　NS：什么？你问我：你喜欢不喜欢吃饺子？对吗？（NS 提供的重述）

　　　　NNS：是的，你喜欢不喜欢吃饺子？（NNS 对重述反馈做出的反应）

　　　　NS：我喜欢吃饺子。你呢？

由于重述为学习者提供了即时反馈，学习者将注意到新的语言形式和已有形式之间的差异。因此，在本研究中，教师将针对实验组学习者的偏误，提供重述反馈，我们将考察重述对促进学习者注意语言形式的作用，及探讨什么样的重述反馈更能够引起学习者的注意。根据我们的前期实验研究结果[1]，汉语学习者能够注意到本族语者提供的重述反馈，并且学习者更容

---

① 郑家平（2006，硕士论文）汉语学习者对重述反馈注意度的研究。对初级、中级、高级三个水平的 45 名汉语学习者进行的 NS-NNS 一对一实验研究，主要考察汉语学习者能否注意到本族语者提供的重述反馈。结论是：（1）学习者汉语水平越高，其对重述的正确回忆率越高，并且呈现出初级水平和中级以上水平之间两极分化并逐渐上升的趋势。（2）在不考虑学习者已有汉语水平的前提下，学习者更容易正确回忆出音节数小于等于 6 的短重述。（3）在不考虑学习者已有汉语水平的前提下，学习者更容易正确回忆出改变语法项目在 4 个以内的重述。

易正确回忆出音节数小于等于 6 的短重述，也更容易正确回忆出改变语法项目在 4 个以内的重述，我们将在本次教学实验中，验证这两项结论。

3. 强化输出

Swain（1985）的输入假说认为，第二语言学习者不仅需要大量语言输入来建立第二语言系统，而且需要通过各种语言输出来检测其对语言规律各种假设的正确性。因此，教师应该有意识地通过各种互动促使学习者在交流中使用符合真实交际的各种语言形式。强化输出的方法强调，教师应该设计大量具有针对性的交际任务，对学习者的语言表达提出明确的、有一定挑战性的结构要求，让学习者围绕目标形式进行交流。因此，我们认为，强化输出不仅有利于促进学习者正确使用目的语形式，而且有利于促进学习者获得使用汉语进行交流的策略和技巧。

本研究将考察以任务为纲的强化输出对促进学习者语言形式使用正确率和成段表达流利性的作用。

4. 主题导入法

为了有效利用上述三种以语言形式为中心的教学方法，也为了达成将语言形式和交际功能相结合的目标，以及加强对课堂的控制和教材的使用，我们借鉴了欧美第二语言教学流行的主题导入法。这是因为，在以教材为本的教学中，主题导入法是一种理想的课堂教学方法。其主要做法是：利用课文的主题，从情景出发，将有关的目标形式和相应的交际功能联系起来进行交流，让学习者通过篇章的主线或者课文的主题来学习并获得语言形式与语言功能的关系，并为其进一步的语言使用做好铺垫。

综上所述，我们的研究问题是：在初级阶段口语课堂上，以主题导入法为引入方法，教师设置具有针对性和挑战性的任务帮助学习者了解和熟悉交际功能，并通过大剂量强化练习、重述反馈以及强化输出、强化学习者对汉语语言形式和交际功能的认识，从而考察这些教学方法对促进学习者汉语形式习得、促进师生互动的作用，进而建构互动式初级汉语口语课堂教学模式。

（二）对研究问题的操作性定义

根据上述研究问题，基于可操作性原则，我们将学习者对目标形式的习得操作性定义为其在测试中使用目标形式的正确率（正确使用目标形式句子数/句子总数），将学习者对重述反馈的注意操作性定义为其正确重复教师提供的重述反馈数量，并通过教师与学习者自身的双重主观评价衡量其汉语交际能力水平。

三、研究对象

研究对象为北京语言大学汉语速成学院2010年秋季班两个平行的A水平教学班，按照学习者的母语背景，两个班均为随机分班的欧美亚洲混合班①，每个班有16个学生，期间由于部分被试流失，参加后测的学习者实验组和控制组各14人。由于速成学院的期中、期末考试和社会实践等客观教学安排，实验组接受实验处理的时间大约为16个星期，而按照口语课的教学安排，周学时为4课时，4课时完成一课，相当于一个交际任务。

实验组接受本研究提出的以主题导入法为主，以形式为中心的教学模式。每个教学环节中②，第1、2学时，教师通过主题导入法帮助学习者理解课文内容，同时通过大剂量强化输入，促使学习者运用目标形式与教师展开问答互动，进而强化其对语言形式的注意。这两个学时的教学目标主要是让学习者初步确立形式与功能的联系，并给学习者布置基于一定目标形式的交际任务。第3、4课时，教师通过各种基于真实交际的任务，促使学习者进行强化输出，其中包括师生互动，也包括分组讨论、个人汇报等方法。其他学习者针对发言者的内容进行提问，教师进行点评，点评过程中，以重述反馈的形式对学习者的语言形式偏误进行澄清式提问，若学习者未注意到教师的反馈，教师并不打断交际，而是用其他问题引导学习者对语言形式的重新理解。

---

① 实验组有14人，其中美国人1人，英国人1人，法国人2人，马来西亚人1人，印尼人5人，日本人2人，韩国人2人。控制组14人，其中美国人3人，西班牙人1人，韩国人2人，瑞典人2人，法国人2人，英国人2人，荷兰人2人。由于A水平学习者基本都为零起点，因此我们进行的是随机分班。

② 我们以4课时完成一个独立的任务，因此将4课时定义为一个完整的教学环节。

控制组使用"引入／复习—生词—课文—语法—口头练习"的教学模式，即：第1—2课时，按照上述模式处理第一部分课文及练习，第3—4课时，处理第二部分课文及练习；或者，第1—2课时，处理生词及语法点，第3—4课时，处理课文及相关练习。对于学习者的语言形式偏误，教师使用直接纠错的方法。

实验实施者为同一位汉语教师，分别担任实验组和控制组的综合课（16课时）和口语课（4课时）。基于可操作性原则，我们选取实验组综合课中的4课时实施新教学模式，使用与控制组口语课一致的教学材料和教学内容，完成一样的教学任务，从而尽量减少由于教材等客观因素造成的差异。实验组和控制组接受相同的测量方法。

四、研究材料

根据实际教学安排，实验材料以《汉语口语速成（入门篇）》为蓝本，实验者根据实验需要，并结合《速成汉语初级教程（综合课本）》（第1、2册）的相关内容，挑选出每课具有代表性的语言形式，并根据这些形式制定一定的交际任务。实验过程共选取13个交际话题，围绕这些话题设置70个语言形式（请见附录九）。部分材料我们以多媒体形式呈现。

五、测量及评估方法

本研究属于教学实验，因此，我们将通过录音、测验、问卷、访谈等多种方式对实验结果进行测量和评估。

（一）录音

由于本研究实验对象的母语背景等原因，为了基本忽略汉字对其习得的影响，我们选取其口试成绩作为测量工具。根据速成学院的分班考试结果，A班汉语学习者基本为零起点汉语学习者，因此我们可以认为实验组和控制组前测水平一致。根据实验需要，在征得学习者同意的前提下，我们对实验组和控制组的部分课堂教学①进行了录音，教师通过录音，反思课堂教学中的经验和问题，并从中提取有代表性的交际任务和话题，为口头测试做好准备。

（二）口头测试设计

根据教学安排和可操作性原则，我们为实验组和控制组安排了四次口头测试，重在考察学习者的语言形式使用正确率及对教师提供的重述反馈的注意度。

我们以四个星期为一个教学阶段，每个教学阶段结束时，安排一次口头测试，采用的方法是以学习者之间的互动为主体、教师提供评价及重述反馈为辅助手段的模式。

1. 口头测试题目

根据对各个教学阶段录音材料的分析和总结，教师事先挑选本教学阶段具有代表性的语言形式和话题，组织测试题目（见附录十）。学习者根据话题，可选择使用相关语言形式完成交际表达任务。之后，教师进行点评，并针对学习者语言形式偏误提供澄清式的重述反馈。

2. 语言形式使用正确率的测量方法

我们以实验组和控制组学习者使用目标形式的相对正确率作为其语言形式使用正确率的衡量标准。相对正确率采用的是相对频率法，"正确使用相对频率法是为了解决语料分布不均，且样本容量小、无法进行等量随机抽样的问题，从而使数据具有可比性"（施家炜，1998）。该算法可建立在如下假设的基础上：在本研究所获得的语料中，相对正确率越高，则学习者正确使用目标形式的频率越高；反之，越低。方法是：学习者在某次测试中使用语言形式的正确率＝学习者在某次测试中正确使用语言形式的句子数/某次测试中该组所有学习者话语句子数总和。为提高测量准确性，在测试中，学习者正确使用某语言形式多次，我们只记作正确使用一次；同理，学习者错误使用某语言形式多次，我们也只记作一次。

---

① 根据教学需要，第1、2星期为语音教学阶段，另外，速成学院期中、期末考试为停课考试。此外，部分课时我们安排了随堂测试，因此，未做录音。

3. 对学习者重述反馈注意度的测量方法

在测试中，教师只对学习者关于语言形式的偏误提供重述反馈，我们重点考察学习者对重述反馈的注意度及重述反馈类型对其注意度的影响。根据前期实验结果，我们将学习者对重述反馈的注意度操作性定义为：在师生互动中，在重述后学习者能否即时准确地回忆出重述内容。

"即时回忆"是指在师生互动过程中，学习者接受刺激后，在"第三话轮"无间隔地马上回忆出之前的重述反馈。关于回忆重述的正确率，我们根据被试的即时回忆与重述和初始话语之间关系，将之划分为"修正性回忆（记作 X）""调整性回忆（记作 T）"和"没有回忆（记作 M）"三个水平。"修正性回忆"是指学习者对重述话语的正确回忆；"调整性回忆"是指学习者对重述的回忆不正确，可是却对初始话语进行了调整；而对初始话语的重复和没有对刺激声音做出任何反应都记作没有回忆。

测量方法同样采取相对正确回忆率，该算法可建立在如下假设的基础上：在本研究所获得的语料中，学习者修正性回忆（即正确回忆）的相对频率越高，则其正确回忆率越高；反之，越低。方法是：学习者在某语言水平上的修正性回忆相对频率＝学习者在某语言水平上的修正性回忆频次/某语言水平上所有学习者回忆重述频次之和。

（二）问卷调查设计

为了了解本实验所采用的新教学方法和教学模式对提高学习者汉语交际能力的作用，我们对实验组进行了两次问卷调查，主要调查实验组学习者对自己学习效果的主观评价，即对其汉语交际能力进行自我评价。以此作为衡量本教学模式对提高学习者汉语交际能力作用的辅助信息。第一次问卷调查在学期初语音阶段以后（教学约一个星期以后），主要调查学习者的基本情况和学习动机、学习需求等个人情况，并重点调查学习者对自己目前汉语水平的评价以及对本学期学习结果的期待水平；后测以后（第四次测试之后）、期末考试以前，进行第二次问卷调查，考察学习者对这种新教学模式的评价，以及对自己现有汉语水平的主观评价（问卷请见附录十一）。

（三）访谈设计

学期结束后，我们选取了实验组和控制组各两名在四次口头测试中表现比较好的学习者，与实验者分别进行了一对一访谈，时间均为30分钟左右。访谈内容围绕新教学模式展开，包括课堂教学环节、教学方法、教材等细节问题。我们希望以此作为进一步完善实验结果的依据。

六、小结

本项教学实验研究，以形式为中心的课堂教学模式中的各种教学方法为研究对象，以学习者在各种口头测试中的表现为测量工具，通过问卷调查和师生访谈等辅助测量手段，考察互动式的口语课堂教学模式对提高汉语学习者汉语交际能力的作用，并希望以此为基础，为建立汉语口语课堂教学模式和开发具有汉语特色的课堂教学方法提供一定的启示。

第三节　实验过程

一、教学设计

根据以形式为中心的第二语言教学研究成果，课堂教学活动的设计一般包括五个方面：①确定教学重点；②写出教学重点的形式规则；③排列语言形式的顺序；④选择与目标形式相关的交际话题；⑤设置课堂上师生互动中可能用到的教学提问及信息提问。我们将根据语言学习的三个阶段设计教学活动和选择采纳相应的教学技巧。

（一）确定教学重点

在以形式为中心的教学活动中，确定能够沟通语义的语言形式是教学重点。在确定语言形式的时候，我们遵循的标准是：①这种形式是否具有明确的交际意义，能否在交际中高频使用；②能否在语法、语义、篇章上具有结构特点，以及能否有效利用新旧词汇；③是否具有可操练性，能否可以将几个语言形式连接成段，从而完成一项交际任务。另外，我们还应该考虑到一项交际主题中包含的语言形式不宜过多，应该在 5—10 个之间。如下表 4-1：在《汉语口语速成（入门篇）》中第 19 课《你游泳游得怎么样》我们列出如下语言形式：

表 4-1　语言形式的选择与呈现

序号	语言形式
1	……会……，而且 / 不过……得……
2	……会不会……？ ……能 V……？
3	……会 V 一点儿……，不过……得不怎么样。
4	……（do sth）V 得真棒！
5	……电视里 / 网上 / 电脑里 /place 有……队跟……队的……比赛。
6	……要去……，sb 得 陪……
7	……估计……会……

（二）确定语言形式的具体语言规则

上述我们呈现的只是语言形式的简单规则，而呈现给学习者的应该是这种简单形式的具体规则。在撰写具体规则的时候，我们综合考虑了目标结构的语法结构特征、语义搭配、可能出现的语言反例、学习者的新旧词汇语法知识，并制定了大致的纠错计划。同时，为了达到较好的突出性效应，我们事先设计了视觉或图片呈现方式等。如下表 4-2：

表 4-2　语言形式的具体规则

简单规则	……会……，而且 / 不过……得……。
具体规则	（人）会……（VP 游泳 / 踢足球 / 打网球 / 打字），而且 / 不过……（V 游 / 踢 / 打）得……（C 很好 / 棒极了 / 不怎么样）（是个旱鸭子）
交际功能	表述某人是否会做某事，及讨论其能力

（三）排列语言形式的顺序

在排列语言形式顺序的时候，我们首先考虑到的是语言形式之间的逻辑关系以及交际顺序，力求几个语言形式之间的过渡自然而有意义。由于课本中的课文绝大多数都以对话体形式出现，句子基本为单句，缺少一定的连词。因此，我们在排列语言形式顺序的过程中，有意将语义功能相联的形式排列在一起，并为学习者提供一定的连词，帮助他们熟悉成段表达的形式。如《速成汉语初级教程》第 26 课《他喜欢东方文化》中，目标语言形式 1 "……是位……家"和目标形式 2 "……对……很有研究"；目标形式 4 "……的最大爱好是……"和目标形式 5 "……VP 很专心，经常忘记……"就可以结合起来得到高频反复，并表达完整的意思。如例 3：

例 3

目标形式 4：……的最大爱好是……

人	（时间：小时候 / 以前 / 上大学的时候）（地点：在家 / 在北京）……的最大爱好是……（读书 / 运动 / 看电影……）

● 怀特先生的最大爱好是什么？（主题导入：从课文入手）

● 你的最大爱好是什么？（引入真实情况）

● 小时候你的最大爱好是什么？现在呢？上大学的时候呢？（进一步扩展）

● 在北京你的最大爱好是什么？在你自己的国家呢？（平行扩展）

● 你猜猜……最喜欢什么？（进入互动交际：生生提问）

目标形式 5：……VP 很专心，经常忘记……

人	……（VP：读书 / 听音乐）很专心，经常忘记……（吃饭 / 睡觉 / 给 sb 打电话）

● 怀特先生的最大爱好是读书，他读书的时候经常忘记什么？（主题导入）

● 你的最大爱好是什么？……的时候，你经常忘记什么？（扩展到真实情况）

● 你朋友的最大爱好是什么？为什么说这是他的最大爱好？（互动交际）

（四）选择与语言目标形式相关的交际话题

选择交际话题的目的是进一步将语言形式与功能结合起来，使课堂上的练习更接近自然的对话交流。同时，这一过程也可以帮助教师设置多种情景帮助学习者进行加强型输出。如例4：

例 4

目标形式 4、5：……的最大爱好是……

他 / 她……很专心，经常忘记……

……开玩笑说，你那么喜欢……，应该……

话题一：你朋友的最大爱好是什么？

● 他有什么爱好？他的最大爱好是什么？

● 为什么说这是他最大的爱好？

● 他父母 / 朋友怎样看待他的这个爱好？

话题二：你的国家的人的最大爱好是什么？

● 你的国家大多数人的最大爱好是什么？

● 为什么说这是他们的最大爱好？

● 你怎么看这个最大爱好？

（五）设置相关提问

在课堂师生互动中，教师提问的作用至关重要。好的提问不但能引出目标形式，而且能引起学习者表达的欲望，引导出较长或较复杂的句子。我们设置课堂提问的时候，主要考虑如何让学生在交流中自然地使用目标形式来回答或提出问题，并让他们在与老师和同学的互动中掌握语言形式的使用规则、语境等信息。另外，教师的提问也要力求简短、有目的性，并且具有重复性，也就是说，一个问题提出来，每个学生都能够根据自己的情况给出多种答案。我们希望一个话题能够诱导出多个目标形式，进而不断重复、加强、螺旋上升，最终达到习得形式的目标，并保持交流的可持续性。如例5：

例5　目标定式：……对……有兴趣

提问：

你对什么样的杂志/文章/书有兴趣？（导入目标形式）

你的朋友对什么有兴趣？他从什么时候开始对……有兴趣的？（指示学习者向同桌提问）（扩展目标形式的交际功能）

要是你对中国历史有兴趣，你看什么样的文章和书？（进一步扩展，并进入生生互动阶段）

二、课堂教学环节

很多第二语言教学专家认为，主题导入法是一种利用篇章模式进行语言形式与语言功能教学的有效手段。在我们的初级汉语口语课堂教学中，我们通过主题导入法引入课文和语言形式，然后进行交际扩展。

（一）主题导入法的课前准备

为了有效利用课文和组织相应语言形式，我们首先根据课文撰写课文结构大纲。在这个过程中，我们遵循以下几个原则：

以课文内容为基础排列语言形式大纲,将重要词汇、语言形式融入其中；

重要词汇、语言形式的教学借助语篇上下文呈现并讲练，教学过程中不包含单独的生词处理环节；

语言形式大纲不一定要完全按照课文顺序，而是以语言的内部逻辑关系为排序标准。

（二）宏观教学环节

开始上课时，以几个简单的、概括性的问题引入课文，点出课文中的几个大的主题，然后将话题集中到其中的一个主题，进而讨论主题下的语言形式，融入新词、新用法；然后自然过渡到下一个主题，按照上述步骤进行讨论，我们称之为宏观教学环节，如下图4-1：

引文
↓
A. B. C.
↓
A
A1. A2. A3.
↓
A1
　　A1
A2
　　（A1. A2）
A3
B　　（A1）
↓
B1,B2,B3
……

（1）以旧带新，通过复习引入本课内容；

（2）点出本课包含的若干主题；

（3）话题集中到主题 A；

（4）点出主题 A 包含的若干小主题，引入具体
　　　语言形式；

（5）讨论主题 A1 里的具体内容，准备过渡到 A2；

（6）讨论主题 A2 里的具体内容；

（7）复习总结 A1、A2，准备过渡到 A3；

（8）讨论 A3 具体内容；

（9）总结主题 A；

（10）话题集中到主题 B……

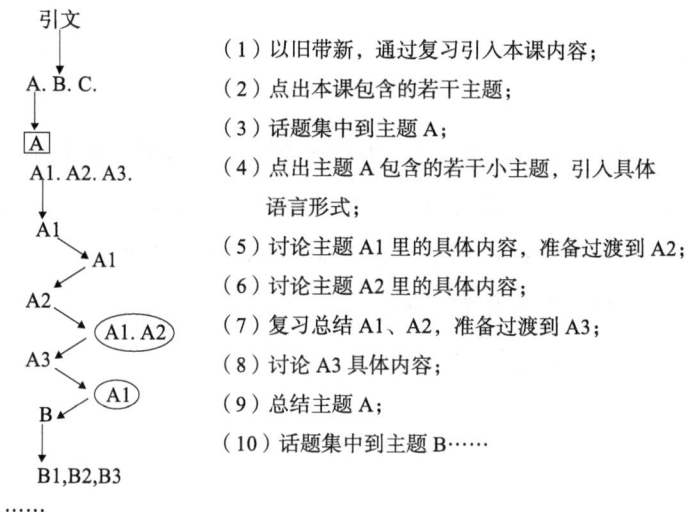

图 4-1　宏观教学环节

从上图我们看出，在一堂课上，教师要不断地承先启后，不断提醒学习者注意课文的组织结构。课文和语言形式的推展是一个回旋式的螺旋上升的过程。

（三）微观教学环节

上述环节是处理课文的宏观教学环节，在介绍课文的每一个具体环节，我们都融入新词、新形式进行讲练，同时还针对学习者的偏误提供重述反馈。具体操作环节如下：

（1）以课文中的情景引入与新词类似的已知词汇；

（2）由已知词汇引入新词，同时引出语言形式；

（3）进入新词，教师进行领读、纠音；

（4）在句型操练的过程中，通过各种提问解说新词义；

（5）平行跳出课文，设置真实生活情景，通过发问，引导学习者一起或各自回答问题，从而巩固相关语言形式；

（6）复述课文，重新跳回课文情景，进入下一部分课文主题，重复教学环节（1）。

（四）具体教学步骤

我们将上述教学环节有机结合，进行互动式的课堂教学。下面我们将以《速成汉语初级教程》第 26 课《他喜欢东方文化》为例简要介绍一下这种教学模式的具体课堂教学步骤。

步骤一：引入课文主题。

引入的方法可以从学习者熟知的信息入手，也可以以复习前边主题的手段入手，进入语篇。以这一课为例，学习者在前一课已经对艾米的爸爸怀特先生有了一个初步的认识，因此，我们可以通过承上启下的提问引入本课话题。

T（老师）：上一篇课文里，艾米给谁寄书？

S（学生）：艾米给他爸爸寄书。

T：你们还记得艾米给爸爸寄的是哪方面的书吗？

S：艾米给爸爸寄的是中国文化和中国历史方面的好书。

T：你们猜猜为什么艾米寄这些书？

S：他爸爸喜欢汉语 / 中国 / 中国历史——他爸爸是个中国通 / 汉学家。

（部分预习得比较好的学习者会直接进入课文主题）

T：好，这一课，我们来认识一下儿艾米的爸爸

……

步骤二：从课文主题进入具体的分支话题。

认识一下艾米的爸爸，点出了本课的交际主题，介绍一个人。在此之前，学习者已经能够比较流利的介绍一个人的简单信息，本课的任务是介绍一个人的专业以及爱好等方面的信息。那么，我们可以引导学习者由浅入深，边复习之前学过的，边进入新课的内容。下面列举一些教师的提问：

T：艾米的爸爸叫什么名字？

S：艾米的爸爸叫怀特。

T：怀特先生在哪儿工作？他做什么工作？

S：怀特先生在美国一所大学教汉语。

T：怀特先生在美国大学教汉语，你猜猜他特别喜欢什么？

由此我们引入了本课的第一个分支话题，即如何描述一个人的专业爱好。

步骤三：讨论分支话题，并引入本课新出现的语言形式和新词、新语言点。

T：这是地球，中国、日本、韩国、印度等国家都在——（指图片）

S：东边

T：我们叫这些国家——（手指板书生词）

S：东方国家。

T：跟我说：东方、东方。

S：（跟读并纠音）

T：艾米的爸爸特别喜欢东方文化，你猜猜他研究什么研究得很好、很深？

S：艾米的爸爸对中国文化 / 历史 / 文学研究得很好。

T：我们说：他对中国历史、文学很有研究。一起说：

S：他对中国历史、文学很有研究。（引入本课第一个重点语言形式"……对……很有研究"）

步骤四：平行跳出课文。

设置接近真实生活的语境，要求学习者使用所学的新形式和新词、新语言点来完成交际。若学习者发生偏误，则使用重述反馈为学习者纠错。

T：怀特先生喜欢东方文化，可他是东方人吗？（指图片）

S：他不是东方人，他是西方人。

T：（图片：姚明、比尔·盖茨）

T：怀特先生对中国的哪些方面很有研究？你父亲呢？

T：你猜猜他对什么很有研究？为什么？（引导学习者用目标形式进行

提问，并使用否定形式）

S1：我猜他对做韩国菜很有研究，因为他是韩国人。

T：是吗？（问 S2）

S2：我不对做韩国菜有研究，我不会做菜。（偏误）

T：你对做韩国菜没有研究吗？（重述反馈）

S2：对，我对做韩国菜不……没有研究。

T：他对做韩国菜有没有研究？（向全班，在此提供重述反馈，就目标
　　形式的否定形式进行强化）

Ss：他对做韩国菜没有研究。（全班）

T：（示意 S2 再说一遍，然后）你对韩国的哪些方面很有研究？

……

　　步骤五：回到课文，要求学生用比较复杂的句型完成相关交际任务；
总结后自然过渡到下一个分支话题。

T：怀特先生是个汉学家，对中国历史、文学很有研究。那么你觉得他
　　有哪些爱好？（主题导入）

S：……

T：他的最大爱好是什么？（引入本课第二个分支话题：谈论一个人的
　　爱好，并引入第 2—4 个语言形式："①sb 的最大爱好是……②她/他……
　　的时候很专心，经常忘记……③ sb1 开玩笑说：'你那么喜欢……，
　　应该……'。"）

　　由上述步骤我们可以将功能与新词、新的语言形式有机结合起来，将
课文内容与真实交际联系起来。在此过程中，无论是师生问答还是教师纠错，
都体现了最大限度的师生互动。

　　步骤六：完成交际任务环节。

　　当围绕课文的问答完成后，相应的新词、新语言点和目标语言形式也
同步讲练完毕，我们将进入下一环节，由教师设计具有限定性的交际话题，

要求学生使用具体的目标形式，完成交际任务；其他学习者要就其提供的信息提问，形成生生互动；在学生完成任务的过程中，教师适时提供重述反馈。我们所设置的任务类型包括如下几种：

（1）教师给定话题，要求学习者阐述自己熟知的个人情况，然后向全班做口头演讲。时间限制在2—5分钟。如：介绍一下儿自己。（话题包括：姓名、国家、工作／学习／爱好……；形式：sb的最大爱好是……，sb对……很有兴趣，因为……所以……）

（2）教师布置采访任务，要求学习者通过采访他人获得任务信息。此类任务通常以家庭作业的形式布置，要求学习者在课上分组交流，然后每组派代表总结本组发言。组内成员可以就任务进行分工，然后集体完成。如：介绍一下儿学校附近饭馆的情况，包括饭馆的名字、类型（中餐、西餐）、菜的价钱、环境、顾客的评价等。

（3）教师课堂上布置图片任务，要求学习者根据教师的要求完成图片任务。学习者两人一组，通过互相提问发现图片的差异或者完成看图说话任务。

（4）教师给定具有一定故事情节的图片，学习者分组后就图片内容完成故事，编制一个小的对话体短剧，集体表演给其他同学。

（5）教师给每位学习者包含一定语言形式的纸条，学习者不能说出自己的句子，而是用相关话语和动作表现这句话的语义内容，让其他学习者猜这个句子，第一个正确说出句子的学习者赢。此类任务用于复习总结阶段。

第四节　实验结果及讨论

一、测试结果

（一）语言形式使用正确率

在四次测试中，我们以约30个语言形式为目标形式，对学习者强化输出的要求也随着学习时间的推移而逐渐提高。比如，在后测（第四次测试）中，我们要求学习者完成约6—8分钟的陈述，并综合使用各种语言形式及相关话题。经过初步分析，在四次测试中，实验组和控制组正确使用语言形式情况如下表4-3：

表4-3　实验组、控制组在测试中正确使用语言形式情况

	实验组			控制组		
	正确形式	总数	正确率 %	正确形式	总数	正确率 %
测试一	53	92	57.61	52	107	48.60
测试二	63	92	68.48	49	86	56.98
测试三	120	163	73.62	117	169	69.23
测试四	334	403	82.88	274	361	75.90
总计	570	750	76	492	723	68.05

由表4-3我们可以看出，实验组和控制组正确使用语言形式数量及其使用句子总数都呈现递增趋势，这说明，随着学习时间的推移，两组学习者都能够使用更多的句子进行表达，并且正确句子的数量呈现增加的趋势，而实验组在四次测试中的正确率都高于控制组。

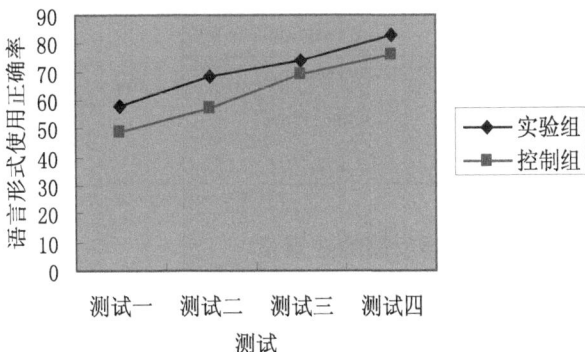

图4-2　实验组和控制组正确率发展趋势图

如上图4-2所示，在四次测试中，除第三次测试实验组（73.62%）与控制组（69.23%）的正确率略为接近外，其他三次测验中，实验组正确率都高于控制组约10%左右。由此，我们初步认为，实验组所接受的新教学模式对学习者语言形式习得起着重要的作用。

为了进一步说明上述差异是否显著，我们对实验组和控制组学习者在四次测试中的语言形式使用相对正确率进行了单因素方差分析，以 0.05 为显著性水平。结果如下表4-4，在四次测试中，$p < 0.05$。由此我们认为，

在四次测试中，实验组与控制组之间关于语言形式使用的相对正确率均存在着显著差异，并且差异显著性随时间的推移逐渐增加。这说明，我们采用的新教学模式较传统课堂教学模式更能够有效促进学习者正确使用汉语语言形式，即能够有效促进学习者对汉语语言形式的习得。

表4-4　对学习者语言形式使用相对正确率的方差分析

		Sum of Squares	df	Mean Square	F	Sig.
测试一	Between Groups	2.900E-04	1	2.900E-04	4.603	0.041
	Within Groups	1.638E-03	26	6.299E-05		
	Total	1.928E-03	27			
测试二	Between Groups	3.007E-04	1	3.0074E-04	4.811	0.037
	Within Groups	1.625E-03	26	6.251E-05		
	Total	1.926E-03	27			
测试三	Between Groups	2.435E-04	1	2.435E-04	5.598	0.026
	Within Groups	1.131E-03	26	4.349E-05		
	Total	1.374E-03	27			
测试四	Between Groups	2.259E-04	1	2.259E-04	6.078	0.021
	Within Groups	9.3665E-04	26	3.717E-05		
	Total	1.192E-03	27			

（二）学习者对重述反馈的注意度

1. 课堂环境下学习者对重述反馈的注意度

根据实验设计，实验组学习者发生偏误后，实验者只提供重述反馈。我们认为，一旦学习者正确重复或改正了自己的初始话语，则我们认为学习者注意到了教师提供的重述反馈，即实现了修正性回忆。我们从每个教学阶段中随机抽取一次课的录音，共约 8 个小时。以此首先考察在课堂教学环境下，学习者对重述反馈的注意情况。

表4-5　课堂环境下学习者对重述反馈的正确回忆情况

	重述长度		改变项目个数			
	长重述	短重述	1个	2-3个	4个以上	总计
阶段一	2	7	7	2	0	9

续表

	重述长度		改变项目个数			
	长重述	短重述	1个	2-3个	4个以上	总计
阶段二	3	9	6	5	1	12
阶段三	5	14	8	9	2	19
阶段四	8	15	9	11	3	23
总计	18	45	30	27	6	63
重述总数	31	56	36	33	18	87
正确回忆率	58.06%	80.36%	83.33%	81.82%	33.33%	72.41%

　　由表4-5我们可以看出，我们随机抽取的四段教学录音中，实验者共对学习者提供了87个重述反馈，各阶段学习者正确回忆的重述个数分别为9个、12个、19个、23个。其中，音节数小于等于7的短重述45个，正确回忆率为80.36%，音节数大于7的长重述18个，正确回忆率为58.06%。而改变语法项为1个的重述，正确回忆率为83.33%；改变项目为2—3个的重述，正确回忆率为81.82%；改变项目大于等于4个的重述，正确回忆率仅为33.33%。我们认为，学习者对短重述和改变项目在1个以内的重述的较高正确回忆率说明，对于初级汉语学习者来说，这两类重述反馈更有利于引起他们对语言形式的注意，从而达到纠错同时互动的目的。学习者对于较长重述和改变项目较多的重述反馈，正确回忆率较低，但是在分析录音过程中我们发现，绝大多数学习者能够注意到这种较长、较复杂的纠错性反馈，其主要表现为较长时间的停顿（约两秒）或调整性回忆。对实验者提供的重述反馈，学习者无回忆的情况仅为8%左右。

　　2.测试中学习者对重述反馈的注意度

　　在四次测试中，学习者根据特定话题和语言形式进行强化输出，教师在学习者表达结束后给与点评，并提供澄清式的重述反馈，即针对学习者输出过程中的语言形式偏误提供重述反馈，从而澄清语言形式和语义功能。比如，学习者在发言中说："我是律师学习汉语以后……"，教师在点评过程中提问："学习汉语以后，你想当律师吗？"学习者澄清："对，我想当律师。"从而达到纠错目的。由于实验者对控制组提供的是直接纠错反馈，因此学习者往往能即时纠正错误，因此，我们仅就实验组在测试中对重述反馈的注意情况进行分析。根据分析，四次测试中，实验组接受短重述 45 个，长重述 24 个；改变一个项目的重述 32 个，改变项目为 2—3 个的重述 25 个，改变项目超过 4 个的重述 12 个。我们对重述长度对正确回忆的影响进行了基于相对正确回忆率的配对 T 检验，结果（如表 4-6）表明，学习者对音节数小于等于 7 的短重述的正确回忆率高于对音节数大于 7 的长重述的正确回忆率，t（3）=4.735，P=0.018，P < 0.05， 而根据 Eta squared result， η2 =0.63，因此，约有 63% 的数据变异是由重述长度引起的。由此我们认为，重述长度对学习者正确回忆率的影响有显著差异。

表 4-6　重述长度对正确回忆影响的配对 T 检验

		Paired Differences						
					95% Confidence Interval of the Difference			
		Mean	Std. Deviation	Std.Error Mean	Lorwer	Upper	t	df	Sig.（2-tailed）
Pair1	短重述 – 长重述	5.2 500	2.2174	1.1 087	1.7 217	8.7 783	4.735	3	0.018

由下图 4-3 我们可以看出，在四次测试中，学习者对长重述和短重述的正确回忆率都呈现逐渐上升的趋势。其中，在第一到第三次测试中，学习者对短重述的正确回忆率高于长重述，不过，这种差异随着时间的推移逐渐减少，从 10%—3% 左右；在第四次测试中，学习者对长重述的正确回忆率明显高于短重述，我们认为，出现这种情况的原因，主要是由于随着学习者汉语水平的提高，口头表达中的句子趋于长而复杂，因此发生偏误的句子也多为长度超过 7 个音节的句子，因此教师提供的重述反馈多针对这些偏误。但总体上，我们认为，随着时间的推移，重述长度对学习者的正确回忆起着重要的影响作用。尤其在初级阶段早期，学习者更容易注意到音节数小于等于 7 的短重述。

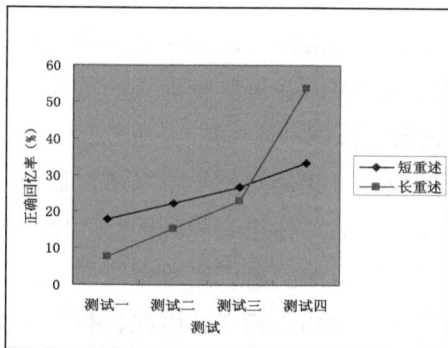

图 4-3　重述长度对正确回忆率的影响情况

下表 4-7 为我们对重述与初始话语之间的差异进行的基于相对正确率的配对 T 检验，结果显示，三组 P 值均小于 0.05，由此我们认为，重述与初始话语之间的差异对学习者回忆重述的正确率有显著影响。

表 4-7 重述与初始话语之间的差异对正确回忆影响的配对 T 检验

		Paired Differences							
				95% Confidence Interval of the Difference					
		Mean	Std. Deviation	Std.Error Mean	Lorwer	Upper	t	df	Sig.（2-tailed）
Pair1	one change–2–3changes	2.7 500	0.5 000	0.2 500	1.9 544	3.5 456	11.000	3	0.002
Pair2	one change–more than four	7.0 000	0.8 165	0.4 082	5.7 008	8.2 992	17.146	3	0.000
Pair1	2–3changes–more than four	4.2 500	0.9 574	0.4 787	2.7 265	5.7 735	8.878	3	0.003

由图 4-4 我们可以看出，重述与初始话语之间的三种差异对正确回忆率的影响，都随时间的推移呈现上升的趋势。第三次测试后，学习者对改变项目 4 个以上重述的正确回忆率明显提高。我们认为，这与学习者汉语水平的提高有着直接的关系。而对于初级阶段汉语学习者来说，改变项目在 1-3 个的重述更容易引起他们的注意。

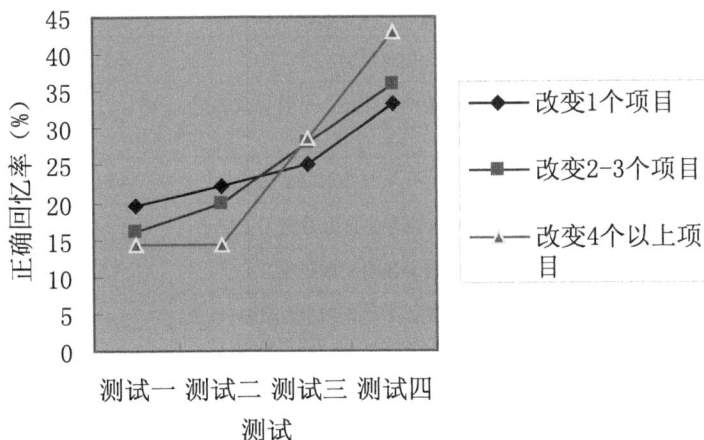

图 4-4 重述与初始话语之间的差异对正确回忆率的影响情况

综上所述，本项教学研究有力验证了前期实验研究的结论，即：在交际互动中，汉语学习者能够注意到教师提供的重述反馈，其中，重述长度和重述与初始话语之间的差异对其注意度起着重要的作用。对初级汉语学习者来说，长度在 7 个音节以内的短重述和改变项目在 3 个以内的重述更有利于其注意形式差异并进行修正。

二、问卷调查结果及分析

为了了解这种教学模式的教学效果，我们对两组学习者进行了两次问卷调查。根据第一次问卷调查结果，在学习动机方面，我们发现有91%的汉语学习者希望获得汉语口头交际能力；在学习目标方面，92%的学习者希望通过学习，自己能较自由地与中国人进行交流，64%的学习者希望在中国继续学习深造，85%的学习者希望在中国工作或从事与中国有关的工作。

第二次问卷调查，我们主要考察实验组学习者对新教学模式的评价，以及对自己已有汉语能力的主观评价，结果如下表4-8：

表4-8　学习者调查问卷

问题	满意度	满意度百分比
Q1：这种教学方法对提高我的汉语听说能力很有效。	4.29	93%
Q2：这种教学方法能加深我对句型的了解。	4.21	86%
Q3：这种教学方法不断重复新词、新句子，并帮助我记住它们。	4.14	77%
Q4：这种教学方法对我理解并记住课文很有帮助。	4.21	86%
Q5：练习时，老师一边跟我对话，一边给我纠错，这对我改正错误很有帮助。	4.5	93%
Q6：这种方法营造了活跃的课堂气氛，我乐意参加课堂讨论。	4.21	93%
Q7：黑板上或投影上的生词和句子重点能方便我随时使用新句子。	4.14	86%
Q8：老师的问题以课文为基础，我们的交流由简单到难。	4.5	93%
Q9：话题讨论和个人到前面的演讲，能帮助我大胆使用汉语进行交流。	4.43	88%
Q10：老师的问题和作业很有挑战性，让我有兴趣用新句型进行讨论。	4	71%
Q11：这种教学方法使我有机会在课堂上向老师和同学发问。	4.5	93%
Q12：这种教学方法能使我的表达扩大到篇章侧面。	4.1	81%

由表4-8我们可以看出，学习者对新教学模式对提高听说能力（Q1、Q9）、语言形式习得（Q2、Q7）和纠错（Q5）、互动（Q9、Q11）、课文处理（Q8）方面的作用都给予了比较高的评价，约90%左右。这说明，我们的教学方法和技巧基本上达到了教学目标。

通过问卷调查我们发现，这种教学方法能帮助学习者更好地理解生词和句型。在促进课堂互动方面，这种教学方法能使课堂时间得到充分、有效的利用和安排，能够鼓励学生积极参与课堂互动，并客观上促使学生预习课文。

我们也对学习者对自己汉语水平的主观评价进行了调查，采用开放式问题，即：现在你能用汉语做哪些事？我们就学习者提出的能力进行了整理，如下表 4-9：

表 4-9 学习者自我汉语水平评价

学习者对自我汉语水平的评价	人数	百分比（%）
1. 现在我能听懂中国人说的简单的句子。	12	85.71
2. 买东西的时候，我能讨价还价。	14	100
3. 我能向别人介绍一个人或者一件事情。	11	78.57
4. 当我有困难的时候，我能用汉语寻求帮助。	8	57.14
5. 与中国人聊天的时候，我能说一段话。	9	64.28
6. 我能用汉语给我的朋友做导游。	11	78.57
7. 我觉得在跟中国人聊天的时候，也能学到新的知识。	8	57.14
8. 我觉得我说的话 80% 是对的。	7	50
9. 现在说汉语的时候，我不常想自己的母语了。	7	50
10. 我能用汉语买机票、办签证、办入学手续等。	12	85.71

由表 4-9 我们可以看出，学习者对自己的已有汉语水平有比较高的评价。由这些评价并结合实验者的课堂教学观察，我们认为，在这种教学模式下，经过为期约 16 周的学习，汉语学习者基本能应用汉语解决日常生活问题，并具备了一定的在生活中自学汉语的能力，这与课堂互动及重述纠错有着密切的关系，因为这些手段帮助学习者养成了良好的汉语交际习惯，进而帮助他们树立继续学好汉语的信心。

三、访谈结果

学期结束后，我们对实验组和控制组各两名成功汉语学习者进行了访谈，四位学习者在四次测试中表现都很好，并且期末口试成绩 90 分以上。其中，实验组受访者分别来自日本和印尼（从小在英国长大），控制组来自美国和瑞典。我们的访谈内容主要针对其成功经验和对教学的改进意见两方面，时间分别为 30 分钟。

（一）关于学习者的成功经验

对自己的成功经验，受访者都提到了课后多跟中国人交流。有受访者称，除上课时间以外，每周保持 3—6 小时与中国人的交流，对她的学习帮助很大。另外，受访者也都提出，在日常生活中尽量使用汉语，避免跟本族语者群居生活也很重要，经了解，四人的同屋均不是本族语者。关于他们学习汉语的成功经验，我们整理出如下五点：

（1）多跟中国人交流，交中国朋友；

（2）尽量少与本国人在一起；

（3）日常生活中尽量使用汉语；

（4）在中国单独旅行；

（5）按时完成作业。

四位受访者都具备良好的按时预习、复习和完成作业的习惯，他们认为，课前准备很重要，能帮助他们节省大量的课堂时间，进而集中精力跟随老师练习，以最短的时间掌握新语言点。

（二）对教学的建议

我们也请受访者对实验者的教学模式与教学方法提出评价和建议。实验组受访者认为，这种新的教学模式能够帮助他们集中学习、记忆有用的句式，并能够在各种真实任务在使用，因此，能够很快将学到的知识转化为实际的交际能力。另外，课堂上的师生、生生互动，不仅增加了他们的练习机会，也帮助他们树立了到真实交际环境中使用汉语的信心。我们给受访者提供了一份教学方法提示单，如下表 4-10，请受访者挑选出他们认为最有效的教学方法。

表 4-10　教学方法提示单

1	从课文进入新句型
2	一边在真实语境下练习句型，一边讲练生词
3	单独讲练生词，进行扩展
4	教师揖出问题，学生一问多答
5	学生之间互相提问
6	每星期固定时间做口头报告
7	教师明确布置预习、复习任务
8	教师给出图片，学生围绕图片完成交际任务
9	教师点评，并一边问答、一边改正错误
10	教师直接改正错误
11	教师通过问答，帮助学习者复述课文
12	教师领读课文，然后学生分角色读课文
13	先讲练课文，然后进入准真实交际
14	一边讲练课文，一边在准真实语境下进行交际练习
15	背课文
16	完成介绍、描述性任务
17	完成采访式任务
18	完成对话式任务

　　通过与实验者的讨论，受访者普遍认为 4、8、11、14、17 这五种教学技巧比较有效。实验组受访者认为，1、2、10 三种技巧不仅能帮助他们记忆生词和新句型，而且能帮助他们熟悉交际语境。对于教师提供的重述反馈，他们认为，这种方法可以帮助他们养成好的交流习惯，即在对方的话语中，寻找需要澄清或改正的线索。控制组学习者认为，直接纠错在即时效果上比较好，但学习者在真实交流过程中，往往缺乏这种监控，因此，仍然会发生一样的偏误。另外，他们认为，课堂上单独的生词讲练和扩展使课堂气氛略显枯燥，他们希望通过问答来完成生词讲练过程。对于课文的处理，受访者都更喜欢通过一定问答提供线索然后复述的方法。

　　经过与四位成功的汉语学习者的访谈，我们认为，互动式的课堂教学有利于营造活跃的课堂气氛，而以语言形式为中心、以完成交际任务为目标的课堂教学模式和技巧有利于提高学习者的口头表达准确性和流利性。

第五节　总结

一、总结

经过为期一个学期的课堂实验研究，我们认为，在初级阶段口语课堂上，以任务为基础、以形式为中心、以促进学习者对差异的注意和提高其汉语交际能力为目标的互动式初级汉语口语课堂教学模式，通过大剂量强化输入、重述反馈和强化输出三类主要教学技巧，能够加强汉语学习者对语言形式和相关交际功能的认识，进而促进其汉语形式习得，培养其互动技巧，树立用汉语交流的信心，有效提高其汉语交际能力。

二、有待解决的问题

由于本研究采用的教学方法是第一次实施，因此实验者在选择实验材料和编写语言形式细则过程中，仍存在一些有待解决的问题，主要表现为：任务设置仍主要围绕教学蓝本，因此，一些与交际任务具有重要逻辑关系的语言形式没有融入其中；另外，实验者在编写语言形式规则过程中，还存在一些有待进一步完善之处。

另外，通过对实验结果的分析，我们发现，随着时间的推移，这种教学模式对学习者语言形式正确表达的影响尤为显著，并且学习者的汉语表达从长度和复杂性两方面也都有了比较大的进步。但是，由于课时有限，以及速成汉语学习者短期学习的特点，我们无法考察这种教学模式的延时效果。

三、可行性分析

（一）学习者汉语水平分析

第二语言教学强调形式与功能的有机结合，尤其在当下汉语学习者要求短期、速成、实用的情况下，汉语教学更应该将形式与功能有机结合起来。语言形式对于初级水平学习者很重要，但对于高级水平学习者同样尤为重要，因为，不同语言水平的学习者要接受的语言形式也存在着本质的区别，比如：初级水平学习者接触的多为日常生活需要的口头表达语言形式，而高级水平学习者则必须掌握适应正式场合的书面交际形式。因此，我们认为，对任何水平学习者都不应忽视形式的作用。在教学过程中，我们应围绕一定的交际任务改造并设置具体的语言形式，帮助学习者逐步形成连贯而复杂的表达习惯。因此，我们认为，以形式和任务为中心的教学模式同样适合高水平汉语学习者。

（二）课型分析

考虑到客观教学要求和可操作性原则，以及本研究的实验特点，我们选择了口语课堂作为研究对象。我们认为，这种教学方法对综合课以及阅读课同样会起到比较好的作用。这是因为，这种以形式为中心、以任务为基础、以主体导入法为引入办法的教学模式，能够很好地利用教材资源，同时从课文引入交际，因此，更适合陈述性的课文问题，以及要求成段表达的综合性课程。另外，由于在课程设置中，初级阶段综合课的周课时为12课时，总学时大大多于口语课堂，因此，我们设想，将本教学模式引入综合课堂教学，收到的延时效果将更加显著。而对中高级水平学习者开设的阅读课，往往有学生反映课堂教学略显枯燥，我们认为，阅读课同样担负着交际任务，因此这种教学方法同样可以引入阅读课，帮助学习者通过阅读文章，掌握正式交际中需要的语言形式和有待表达的语言功能。

（三）实施建议

这种以任务为基础、以形式为中心的互动式课堂教学模式，对教师和学习者来说要求都比较高。

对于教师来说，首先应该了解学习者已有的汉语水平。然后，要对教材进行任务型分析，即选取教材内容体现的任务主题，然后根据教材并结合真实交际编写语言形式规则及细则，并对这些规则进行排序。教师在课前应设置好课堂提问和纠错计划，并且在课堂上灵活掌握。纠错方面，教师可灵活采用多种纠错方法，在互动中的纠错，可尽量提供重述反馈。另外，教师要根据交际主题，为学习者布置交际任务，并拿出固定时间让学习者进行展示，营造生生互动、师生互动的交际气氛。课堂教学结束后，教师应及时根据教学录音反思课堂上出现的问题，进而总结互动中亮点和不足，为准备下次课提供借鉴。因此，这就需要教师做好课堂教学日志。在教学设备方面，绝大多数教学材料的实现，都要依靠多媒体等现代化呈现技术，因此这就要求教师每次课之前根据学习者上节课的表现情况制作相应的教学课件，而不能靠提前做好准备，以不变应万变。总之，在这种互动式课堂中，教师应该根据课堂互动情况，随时制定教学策略，因此，在课前的准备就更为重要。

对学习者来说，学习者应做好预习，即提前了解并基本掌握生词读音、语义信息，进而在课堂上积极配合教师教学，节省讲练时间。

总之，我们认为这种以任务为基础、以形式为中心、以促进学习者对差异的注意和提高其汉语交际能力为目标的互动式课堂教学模式，能够很好地适应目前汉语学习者的学习需要，并能够最大限度地将教材与真实交际结合起来，能够很好地协调语言形式与交际功能的关系。因此，可以在汉语课堂教学中广泛推广。

第五章　课堂组织管理与小组活动设计

第一节　课堂组织管理

　　Brown（1994）认为小组活动是利用多种方法给两个或多个学生布置一定的任务，学生们通过合作和使用自然生成的语言完成被分配任务的一种教学形式。作为交互式教学模式和合作学习理论用于课堂的一种教学组织形式，小组活动具有较高的互动性，有利于增加学生进行交互性语言实践的机会，调动学生的学习积极性。在以培养学生交际能力为主要目标的语言教学特别是口语教学中采用小组活动的形式，由于充分考虑了学生间的个体差异，从而使学生成为课堂教学的主角，降低了学生在运用目的语进行表达时的焦虑感，有利于提高学生的自主学习能力、合作参与能力和语言交际能力。Long、Adams、Mclean & Castanos（1976）的一项研究表明：通过参与小组活动学生产出的语言在质和量两个方面都比单纯以教师为中心的课堂所输出的语言优秀。Skehan（1998）指出："语言能力较差的学生可以在小组活动中发现好的学生所采取的学习策略，并加以模仿，从而提高自身的语言水平。小组活动可以使学生有更多的机会来频繁直接地使用目的语进行话语交流。"

　　笔者通过查阅文献、观看教学录像、听课以及与任课教师访谈等方式，对小组活动在初级汉语口语教学中的应用情况进行了调查研究，我们发现在目前的口语课堂教学中，小组活动虽然已成为很多教师都在使用的常用课堂组织方法，但使用比较随性，缺乏科学性和规范性，很多活动流于形式，课堂气氛看似活跃实则松散，达不到教师预想的教学效果。具体表现为以下几个方面：

一、分组随意性较大

在口语课堂教学中，最常见的分组方法是按照座位就近原则自然分成两人或4人一组。这样的分组原则有其方便易行、省时省力的优点，但是不足也是十分明显的，这种分组方法并没有考虑到小组成员在语言能力、性格特点、性别、国别等方面存在的差异性，结果出现了有的组由于口语水平普遍较低或性格都比较内向，根本无法顺利开展并完成小组活动的情况。在两人以上的小组中由于没有事先明确各成员的分工和职责，在小组活动的实施过程中也很容易出现"一言堂"和表达"闲角"的现象。

二、活动形式单一

王瑞峰（2007）对20名汉语教师进行了问卷调查，调查发现虽然大部分教师（17名）经常采用小组活动，但所采用的任务形式主要是：根据课文分角色朗读和复述、根据话题进行讨论。其中让两个学生根据课文分角色朗读和复述是最常用的小组活动，也是部分教师采用的几乎是唯一的小组活动形式。可见，目前小组活动的形式单一，主要是进行一种单向的信息交流或是机械性模仿，而意义性的交流与协商操练不够。

三、不规定活动时间或时间安排较短

很多教师在小组活动前并没有告知学生本次小组活动要求在多长时间内完成，这种情况下学生就会比较被动，没有办法对自己的活动时间进行合理的安排。有的教师虽然规定了活动时间，但是时间安排得过短，一部分学生还未开口活动就已经结束了，还有的小组为了能完成任务转用母语交流，使得口语水平不高的学生开口的机会越来越少，小组活动互动不足，浮于表面。

四、使用材料不丰富

调查发现教师在小组活动中使用的材料基本上都是教材中的课文或练

习，很少整理和设计适合小组活动的新的真实材料。孔凡莲（2008）提到大部分教师都是在学习了教材中一定的语言知识与功能项目之后根据课文内容设计小组活动，如果教材中有一些类似于小组活动的练习就直接拿来使用，这是目前最普遍的一种情况。

五、评价反馈不系统

对小组活动的评价大多数教师采用的方法是在小组活动完成后，教师选择2—3位同学进行汇报表演，表演结束后教师在充分肯定学生成绩的基础上，对表演中发现的语言问题进行集中纠错、讲解。这种评价方式主要是教师评价，但教师评价的仅仅是个别学生的个人表现，并没有对小组的整体表现做出客观评价，重结果而轻过程。这样没有汇报表演的同学就体会不到小组活动带来的成就感，不利于保持学生参与小组活动的积极性。

可见，虽然小组活动具有很多优势，但目前在口语课堂教学中的实效性和规范性仍有待提高。

第二节　小组活动设计

没有科学的、全面的活动设计就无法保证教学效果。这些年的任务型初级汉语口语教学实践让我们对小组活动设计有了更加全面的认识，我们认为小组活动设计应主要考虑以下几个方面：

一、分组形式

小组是开展小组活动的基本单位，因此分组科学与否对小组活动的实施效果有重要影响。在分组设计时我们要考虑好分组原则、小组规模以及组内如何分工等问题。

（一）分组原则

分组原则是进行科学分组的依据，教师应根据小组活动的不同需求，选择合适的分组原则。

1.随机就近原则

根据学生的座位，邻近的学生自然分成一组。这样的分组方法避免了全班学生在课堂上大范围的移动，比较节省时间，但缺点是分组较随意，可能导致部分小组内同质性过高，影响互动性。该原则仅适用于进行课文分角色朗读、简单的句型练习等机械性操练部分。

2."组内异质，组间同质"原则

综合考虑学生的语言水平、国别、年龄、学习方式、性格以及性别等方面的差异，平衡各小组的综合实力，搭配形成较稳定的合作学习小组。遵循这一原则形成的小组较之按随机就近原则划分出的小组成员间更具互补性，易形成更多的信息差，有利于任务活动的开展，但缺点是因教师需要权衡的因素较多，分组所花的时间较长。因此这种分组建议教师在授课初期分好，并在一段时间内保持其稳定性，这样可以节省临时分组的时间提高课堂效率，但稳定并不等于一成不变，应根据学生在学习过程中语言水平等方面的不断发展，适时适当地做出调整，保证"组内异质，组间同质"。

3.灵活分组原则

根据小组活动的不同需求可以采用灵活多样的分组方式，例如：按国别或性别等组成同质小组来完成特定任务；学生自由组成小组完成共同感兴趣的任务活动；进行信息差类活动时尽量让相互间不太熟悉的学生组成一组，有助于增加交流的新鲜感，从而提高进行小组互动的兴趣；等等。

（二）小组规模

1.两人一组

这种规模的小组适合进行问答练习、两人对话、两人朗读、角色扮演、操练简单的句型或完成较简单的任务活动等。

2.4—6人一组

这种规模的小组可以用来操练语法，针对多角色课文的分角色朗读、角色扮演，完成需多人合作的较复杂的任务活动，等等。

（三）组内分工

小组内要有明确分工，特别是4—6人的小组，要形成一个小集体，各司其职，以确保在有限的教学时间内每个成员都能最大限度地参与到活动中来，避免出现偏离任务活动的行为或个别学生出现"搭便车"现象。可设小组长、记录员、计时员、汇报员等，各个职位要定期轮换。尤其是小组长特别重要，职责是督促所有小组成员都积极参与到活动中来，保证组内成员相对均衡的话语输出量，应选择口语水平较好、组织能力强、愿意帮助他人的学生担任。

二、任务活动设计

（一）设计原则

教师在设计任务活动时要充分考虑本班学生的语言水平、认知水平和生活经验，设计出的任务要能够引起学生兴趣、引发表达欲望，并且难易度适中。

程晓堂（2004）指出，目前大多数研究者认为任务的设计要遵守以下六条原则：

（1）真实性原则。任务要尽可能接近或类似现实生活中的各种活动。

（2）目的性原则。任务要有明确的目的和目标。

（3）做事情的原则。任务必须有做事情的过程。

（4）信息交流原则。在完成任务的过程中，学生必须经历使用语言获取信息、处理信息和传达信息的过程。

（5）表达意义的原则。任务必须以表达意义为中心。

（6）结果原则。完成任务后必须有一个明确的结果。

（二）活动目标

活动目标是指学生在任务活动中要做的具体的事情，因此教师对任务活动目标的描述要尽可能做到细致具体，不能太过概括和抽象，这样有利于任务的实际操作以及对任务完成效果的评价和检验。一个任务活动也不一定只有一个目标，有的有多重目标。

（三）应用阶段

该任务活动是在课堂教学的哪个阶段使用。根据教学需求不同，可以在不同的教学阶段采用小组活动，如：复习阶段、新课导入阶段、学习课文阶段、操练语法阶段、综合练习阶段等。设计时明确任务在何教学环节中使用便于教师的课堂操作。

三、活动类型

不同学者从不同的角度分出的任务类型也就不同。Pica、Kanagy & Falodun（1993）从心理语言学角度把任务分为拼合式任务、信息差任务、解决问题式任务、做出决定式任务、交流意见式任务。Willis, J.（1996）从教学操作方式的角度把任务分成：罗列清单、排序和分类、进行比较、解决问题、交流个人经验、创造性任务。综合上述两种主流分类方式，并参考其他角度的分类，结合初级汉语口语特点，来确定活动类型。

（一）活动时间

活动时间也是教师在设计任务时不应忽视的内容，因为不考虑活动时间或时间设定不合理都会对任务活动的实施效果产生影响，活动时间过长会影响教学进度和节奏，显得拖沓；活动时间太短，则活动无法充分展开，也就达不到预期的目标。

任务的类型及难易程度是影响活动时间长短的主要因素。

排序型任务和分类型任务，由于难度不高，用时一般较短，大概 3 分钟左右。

信息差任务和比较型任务，常常两人一组进行，故较之需多人参与的小组活动用时稍短。因此，可根据具体任务的不同难易度，安排 5—10 分钟左右的活动时间。

拼合型任务、解决问题型任务、分享个人经历型任务、交流意见型任务等任务，参与人数较多，需要多人小组活动或全班活动，而且解决问题型任务、交流意见型任务的难度也往往不低，故用时较多，大概 10—20 分钟。

因此教师在设计活动时间时应根据任务的类型及难易程度，结合本班学生的水平，估算出一个较合理的时间区间，实际操作中也可根据课堂情况和学生表现做微调。

（二）活动材料

任务活动的材料可以在教材基础上根据需要进行适当的整理加工，也可以在教材以外选择更真实的补充材料。Brown（1994）列出了很多可以用于小组活动任务的材料，如讲话和谈话、故事、通知、动画片、漫画、信函、诗歌、说明书和指南、邀请函、采访、口述、新闻摘选、游戏和谜语、图片、日记、歌曲、菜单、电话簿、标签等。

（三）操作步骤

教师使用简洁的语言描述任务活动的内容及步骤。对于比较复杂的任务活动可以拆分成几个子任务，一步步地完成，可以简单画出步骤示意图，让学生清楚要做什么。

四、成果形式

任务的性质决定了设计任务活动必须要有成果要求，任务成果为学生提供了完成任务的具体的驱动力，也为最终的评估提供了材料依据。成果形式有很多种，比如完成表格、清单、报告、图画、文本等。

要保证设计的任务活动具有较强的可操作性，就要控制好任务的难度。我们建议在任务活动设计完成后教师针对本班学生的特点，从语言因素和认知因素等多方面对该任务活动的难度进行综合考量，最难5颗星，最易1颗星，给出该任务活动的难度等级。这个过程其实也是教师对自己所设计的活动难度的一种反思和检查，如果太难或太易，可以及时对任务的构成因素做出修改和调整。

小组活动的设计，涉及的因素很多，这些因素都会对小组活动的实施效果产生这样那样的影响，因此教师在进行小组活动设计时必须要认真考虑，充分备课，教师设计小组活动的过程也就是对这些因素进行赋值的过程。为了方便教师备课，我们设计了小组活动设计模板，涵盖了上述设计要素，供教师参考使用（见下表5-1）。

表 5-1　小组活动设计表

活动名称：制作班级通讯录	
活动目标：	询问他人姓名、国籍、电话、住址等个人信息的能力
	介绍自己的姓名、国籍、电话、住址等个人信息的能力
	通过访谈调查等方式获取信息的能力
	识别并记录关键信息的能力
活动类型：拼合型任务	应用阶段：综合巩固练习
活动时长：10—15 分钟	活动材料：每人一张空白的通讯录
活动内容及步骤	给每位同学发的空白通讯录一共需填入 5 个人的信息，除了填入自己的信息以外，还需调查访谈 4 个人的相关信息。最后小组成员将填好的通讯录拼到一起就是一份完整的班级通讯录。
	1. 小组长负责分配组内每个成员的调查访谈范围。 以 A 组的分配为例：A 组成员 1 调查 B 组 4 个人的信息，A 组成员 2 调查 C 组 4 个人的信息，A 组成员 3 调查 D 组 4 个人的信息，A 组成员 4 调查 E 组 4 个人的信息。
	2. 明确任务后，分头开始自由调查访谈，并记录所需信息。
	3. 调查完填好表以后交给小组长，小组成员一起拼合整理完成一张完整的班级通讯录。
成果形式：一张完整的班级通讯录	难度等级：★★★☆☆
分组原则：组内异质，组间同质	小组规模：4 人一组，全班 20 人，共 5 组。
组内分工：A 组小组长：** B 组小组长：** C 组小组长：** D 组小组长：** E 组小组长：**	
注意事项：活动实施过程中易出现用母语进行交流的现象，需加强巡视监督。	

第六章　任务型课堂的评估与反馈

目前对外汉语初级口语教学在评价目的、内容、手段、主体、环境等方面存在诸多不足。例如：就评价形式而言，主要以事前的诊断性评价（diagnostic assessment）和关注学生学习成果的终结性评价（summative assessment）为主，而关注学习过程的形成性评价（formative assessment）明显不足，仅体现在平时成绩一项上，所占比例较小，而且平时成绩是由教师根据一学期来对每个学生的总体印象来给分，没有统一的标准，难以全面真实地反映学生在学习过程中的努力和进步程度。这种评估方式虽然可以对教师的教学成果和学生的学习成果做出客观评估，但是在一定程度上忽视了对教学过程和学习过程的评价，作为教学质量检验与激励机制存在明显不足，无法获得学生的课堂表现、学习态度、学习策略和阶段性进步等方面的信息，而这些信息是至关重要的。就对教师教学的反拨效应（backwash effects）而言，也存在滞后的缺点，不易激发对外汉语教师改革和探索教学内容和方式的积极性。另外，由于一部分"汉语短期速成"学生只来华学习一个学期，在学期末给学生的平时表现一个成绩，学生无法及时对自己的学习策略和学习方法做出调整和改进。就评价主体而言，主要是教师对学生进行评估，学生处于一种消极的被动地位，主观能动性得不到发挥。

只有关注学生的学习过程和教师的教学过程，为教学提供早期并及时的反馈，才是最有效的教学评估。因此，我们必须完善现有的评估体系，引入形成性课堂评估（formative class assessment），将形成性评估和终结性评估结合起来，充分发挥形成性评估及时性、多元化的优点来弥补终结性评估的不足，深入思考教师在教学过程中如何进行形成性评估，并让学生参与到评估中来，使评估信息能更好地指导学生的学习，教师能更深入地反思自己的教学，从而促进对外汉语教学的高效开展。而目前在对外汉语教学领域，这项工作的意义和作用尚未引起足够的关注，教师的形成性课堂评估意识和能力有待加强。

第一节 形成性课堂评估的内涵

形成性课堂评估，作为课堂研究的一个重要组成部分，是教师和学生对教学和学习实施监控的一种手段，也是信息反馈的重要手段，是指在教学实践过程中，教师不断积极主动地对课堂教学进行观察、检查、分析、反思、调控和改进的一种课堂操作方式，及时获取学生的学习情况信息，并针对性地做出教学反馈，克服教学的盲目性，增强科学性，以便更加有效地进行教学活动，提高教学质量。

形成性课堂评估是一种溶入性的评估方式，是课堂教学固有程序的一部分，区别于侵入性的终结性评估，与课堂教学紧密相连，是督导教学过程、检查教学效果、促进师生沟通了解的重要手段。教师只有通过不断进行的课堂评估，才能及时地把握学生的学习情况和自己的教学情况，并相应地做出反馈和调整，将教学行动和教学反思紧密结合，从而改进自己的教学，保证教师教学行为的有效性和针对性。在这个过程中，教师是评估的设计者和组织者，学生是评估人，评估结果既是教师获取教学反馈信息、改进教学管理、保证教学质量的重要依据，又是学生调整学习策略、改进学习方法、提高学习效率的有效手段。

第二节 形成性课堂评估的构成

一、形成性课堂评估的评估目的

通过指导学生自评、互评及教师的观察反馈，对教学效果做出具体的、及时的评测，为教、学双方提供及时、真实的诊断信息，使教师及时调整教学活动、改进教学管理；同时使学生关注自己的学习过程，及时调整学习策略，改进学习方法。

二、 形成性课堂评估的评估主体

在传统的评估中，主要是教师对学生进行评估，学生处于一种消极的被动地位，主观能动性得不到发挥。而形成性课堂评估的主体不仅局限于教师，而是让学习的主体学生参与到课堂评估中来，重视在教师指导下的学生自我评估及学生间的互相评估的一种多极主体共同评估模式。

三、 形成性课堂评估的评估手段

终结性评估的主要手段是语言测试，形成性课堂评估的手段除了测试手段以外，还包括多种非测试手段，如：课堂观察、师生问答和练习、建立学习档案袋、学生自我评估、学生互相评估、问卷调查、访谈、教学后记等。

四、形成性课堂评估的评估内容

与终结性评估只关注学生的学习成绩不同，形成性课堂评估的内容更加多元化，涉及学生学习的诸多方面，如：学习态度与兴趣、学习策略、课堂教学互动参与度及效果、对所授内容的掌握程度、应用实践参与度、作品展示等。

五、形成性课堂评估的评估过程

形成性课堂评估的过程包括：计划（planning）、实施（implementing）、反馈（responding）三个环节。内容包括：选定评估对象、确定评估目的，拟定评估项目，组织评估，采集所需信息，分析解释信息，做出决策。评估过程中综合运用定性评估和定量评估的方法。

第三节　形成性课堂评估在对外汉语教学中的实施

一、实施的意义

在对外汉语教学中实施形成性课堂评估的意义在于帮助教师反思自己的教学，同时帮助学生反思自己的学习，形成"教、学、评"三位一体的完整体系。

教师在教学过程中进行形成性评估，可以对刚刚发生的教学行为进行判断和反思，并及时做出相应的补救，也可以将评估结果应用到下一步的教学中去，帮助教师总结教学经验、更新教学内容、改革教学模式、改进教学方法、完善教学环节、提高教学水平。通过形成性课堂评估，教师也可以多方面了解学生，包括学生的语言水平、学习兴趣、学习动机、学习风格、学习策略等。教师对学生的情况了解得越全面、越深入，就越能有效地开展自己的教学活动，增加有效教学行为，做到"因材施教"。

通过向学生提供快速的、经常性的反馈信息，使学生了解自己对某一任务的完成情况，反思自己的学习，及时调整学习策略和方法。另外，形成性评估重视学生的学习过程，平时学习过程中所取得的成绩和阶段性进步，都能得到及时发现和肯定，并能计入学习总成绩中去，从而对学生的学习起到时刻激励的作用，有效地保证学生的学习兴趣、出勤率和课堂参与度。

二、实现手段

（一）制定各种评估表，及时记录学生的课堂表现

教师通过有目的、有计划地观察学生在课堂上的各种表现和反应加以记录，从中发现问题，并对所观察的结果做下一步的决策。例如：利用表 6-1，对学生的发音问题进行记录，找出每个学生的难音，教师做到心中有数，针对每个学生的不同问题采用各种方法纠正难音，并在以后课堂中不断强化和追踪纠正效果，从而逐渐使班里的每位学生都能形成较好的语音面貌。

表 6-1　学生发音问题记录表

国别	姓名	发音问题
韩国	学生一	b-p-f　r　四声下不来……
	学生二	b-p-f　r　ü……
日本	学生三	an-ang f……
	学生四	an-ang f u……
泰国	学生五	j-q-x……

在初级汉语口语课中，教师会设计学生成段口头表达的课堂活动。在成段表达中，学生难免会出现这样那样的错误，教师不能打断学生进行纠错，也不能有错不纠。所以教师应该一边听一边及时记录下该生表达过程中出现的问题，在学生表达结束后引导学生进行纠错。

表 6-2　学生口头成段表达语言运用情况记录表

学生一	发音	问题：
	用词	问题：
	语法	问题：
学生二	发音	问题：
	用词	问题：
	语法	问题：

学生的课堂表现能反映出学生的学习态度、学习策略以及对教学内容方法的接受程度等信息，因此教师对学生的课堂表现要有全面的、动态的把握。我们下面设计的学生课堂综合表现记录表是一个五级量表，1最低，5最高。

表 6-3　学生课堂综合表现记录表

	注意力集中	听从教师指令	积极回答问题	积极参与小组活动	总评
学生一	5 4 3 2 1	5 4 3 2 1	5 4 3 2 1	5 4 3 2 1	
学生二	5 4 3 2 1	5 4 3 2 1	5 4 3 2 1	5 4 3 2 1	

	注意力集中	听从教师指令	积极回答问题	积极参与小组活动	总评
学生三	5 4 3 2 1	5 4 3 2 1	5 4 3 2 1	5 4 3 2 1	
学生四	5 4 3 2 1	5 4 3 2 1	5 4 3 2 1	5 4 3 2 1	
学生五	5 4 3 2 1	5 4 3 2 1	5 4 3 2 1	5 4 3 2 1	

学生的作业是课堂的延伸，对学生每次作业的完成情况及反映出的问题，教师要进行详细记录，以便教师在以后的课堂教学中更加有的放矢地进行教学。

表 6-4　学生作业情况记录表

时间：＿＿＿＿＿＿＿＿　作业内容：＿＿＿＿＿＿＿＿

姓名	完成／未完成	主要问题
学生一	√	
学生二	×	
学生三	√	
学生四	√	
学生五	×	

（二）组织学生开展自评和互评

形成性课堂评估特别重视学生的主体地位，教师应该让学生积极参与到评估的过程中来，组织学生开展自评和互评。

学生的自我评估是指学生评估自己的学习行为，包括学习目的动机、学习方法、学习策略、学习进步和存在的不足等。通过自评，可以帮助他们确立自己的学习目标，设计自己的学习策略，并随时检查自己的学习效果；发展学生自主学习能力，学会在学习过程中监控自己的学习情况。

学生间的互评，有助于培养学生的合作精神，在课堂对话、角色扮演、讲故事、小组讨论、听写等活动中都可以组织学生进行互评，可以采用一对一互评，也可多人评一人，或一人评多人，引导学生对他人的语言表现做出客观的评价，肯定优点，指出不足。学习者之间的互相评估可能比教师对学生的评估更容易被学生接受。互评是一个分享的过程，使学生既可以检查别人的学习，又可以反观自己的学习，互相学习，取长补短，最终实现语言能力的共同提高。

（三）建立学习档案袋

选定一段特定的时间，一学期或一学年，教师帮助每个学生建立一个学习档案袋，记录学生在这段时间的成长和进步过程。学生不再只是被评估的对象，而是积极的参与者，学生可以自主地选择档案袋中的内容，例如：角色扮演、词汇量比赛、课文复述、主题报告、优秀作业、学习日志等。教师作为指导者，可以通过课堂观察等方式整理出每个学生在听、说、读、写各个方面的具体情况，放入档案袋中，为学生指明努力方向。学习档案袋充分展示了学生的努力程度、进步过程和成果，为学生提供了反思的机会，可以使学生更加关注自身的学习过程，了解自己取得的进步和尚存在的不足，培养学生的自主学习能力。

（四）问卷调查和访谈

问卷调查和访谈可以及时了解学生的学习状况、学习策略、心理状态，以及对教学方法、内容的接受程度等。问卷的设计要简明、科学、易操作；内容可以针对具体的教学内容、教学方法、学习策略等；选取问卷调查和访谈对象时，要考虑学生的个体差异。

第四节　初级汉语口语课学生综合评价模型的构建

为了能够对初级汉语学习者的口语学习情况进行真实、全面和系统的评价，我们通过调研相关的文献并结合笔者的教学实践，针对性地提出了一种初级汉语口语课学生综合评价模型。

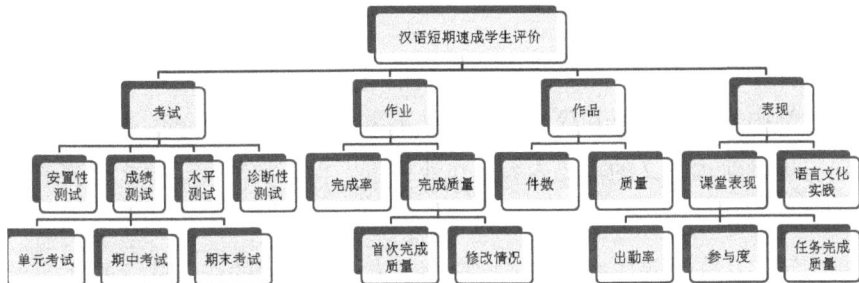

初级汉语口语课学生综合评价模型从考试、作业、作品和表现四个方面对学生进行全面评价。

一、考试

考试是通过书面、口头提问或实际操作等方式考察学生所掌握的知识和技能的评价活动，是目前最常用的学生评价手段之一。初级汉语口语课学生综合评价模型中的考试评价主要包括安置性测验（placement tests）、成绩测验（achievement tests）、水平测验（proficiency tests）和诊断性测验（diagnostic tests）。

安置性测验即分班考试，每学期入学前通过笔试和口试对学生既有的汉语水平进行评价，其中充分考虑到学生之间的学能差异、水平差异、需求差异、文化差异、心理差异等，考试成绩作为学生进入不同汉语水平等级学习的依据。

成绩测验是阶段性的学生学业成就测验，其成绩用于评价学生在一个学习阶段的知识技能掌握情况，包括单元考试、期中考试、期末考试等。

水平测验，主要指我国的汉语水平考试（HSK），学生根据自己的实际需要决定是否参加 HSK 考试，考试成绩用来评价学生综合运用语言的能力。

诊断性测验，主要是指教学过程中由任课教师进行的小测，成绩用来评价学生对某一教学内容掌握情况。

考试评价的评价主体主要为教师，以定量评价为主，将学生在考试中取得的分数作为评价尺度，对学生的汉语知识和技能掌握情况做出客观评价。

二、作业

作业是学生课堂学习的延伸和补充，通过完成教师布置的课后作业，对课堂所学内容进行练习和巩固。作业已不再完全是课堂教学的附属，而更是重建与提升课程意义的重要内容。作业评价不仅是教师和学生之间交流的桥梁，更是对学生成长的印记，成为激发学生积极情感、态度和价值观的重要工具。我们从作业完成率和完成质量两个方面对学生的作业进行评价。

作业完成率为学生完成作业次数除以教师布置的作业总次数。

作业完成质量又包括首次完成质量和修改情况。

首次完成质量，主要通过学生完成作业的正确率进行评价，教师依据作业完成质量评价标准（见下表 6-5），分 A、B、C、D 给出相应的等级，并且针对作业中出现的主要问题，写出评语。

表 6-5　作业完成质量评价标准

评价等级	作业完成质量
A	题目正确率达到 90% 以上，或汉字、词汇、语法等错误处不超过 5 处
B	题目正确率达到 80% 以上，或汉字、词汇、语法等错误处不超过 10 处
C	题目正确率达到 60% 以上，或汉字、词汇、语法等错误处不超过 15 处
D	题目正确率低于 60%，或汉字、词汇、语法等错误处超过 15 处

注：作业修改情况，主要通过学生对作业中出现的错误进行正确修改的比率进行评价。

三、作品

作为对评价任务的反应和回答，学生会创造和建构真实的作品，以表明他们综合运用汉语的能力。作品要求学生在充分理解和熟练掌握所学语言点的基础上，进行扩展、重组、创造、建构，用汉语进行思维而不仅仅是选择答案或完成作业。

初级汉语口语教学中作品类型主要包括教学过程中阶段性、标志性的作品和学生满意的作品两大类，例如：报告、作文、简报等。作品评价包含件数和质量两个指标。

（1）作品件数主要通过是否达到规定作品数量来衡量。

（2）作品质量主要从作品语言的准确性与复杂性，语篇的衔接与连贯性等方面进行评价。评价的形式是作品评语。评价主体呈现多元化的特点，既可以有教师的评价，又可以有学生的自我评价，学生间的互相评价。

四、表现

表现评价是指在课堂和语言文化实践活动过程中，对学生表现出的积极性、参与意识、合作精神、探究能力、分析解决问题能力、知识技能掌握运用水平等方面的评价。表现评价包含出勤率、参与度和任务完成质量三个指标。

（1）出勤率是学生在本学期出勤的节数除以学期总课时量，用以评价学生的学习积极性、参与意识和学习态度等。

（2）参与度是指学生积极主动参与课堂活动和语言文化实践活动的程度。通过学生在活动过程中表现出的认真程度、积极程度、自信程度以及与他人合作程度等方面进行评价（见下表6-6）。评价主体多元，不限于教师。

表 6-6　参与度评价标准

指标等级	认真度	积极度	自信度	与他人合作度
A	参与活动注意力集中，态度认真	积极发言、积极参与讨论与交流	敢于提问，敢于表达自己的想法和观点	善于倾听他人的发言，善于协商合作
B	参与活动注意力比较集中，态度比较认真	发言比较积极、比较积极参与讨论与交流	比较敢提问，比较敢于表达自己的想法和观点	比较善于倾听他人的发言，比较善于协商合作
C	参与活动注意力基本集中，态度基本认真	能够发言、能够参与讨论与交流	偶尔提问，偶尔表达自己的想法和观点	能够倾听他人的发言，能够协商合作
D	参与活动注意力不集中，态度不认真	不积极发言、不积极参与讨论与交流	不敢提问，不敢表达自己的想法和观点	不善于倾听他人的发言，不善于协商合作

（3）任务完成质量是学生在课堂活动和语言文化实践活动中完成各项任务的质量。任务形式多种多样，主要包括：朗读、回答问题、操练、替换、角色扮演、表演、汇报、讨论、辩论、调查、游戏等。任务完成质量的评价主要从语言技能、语言知识、策略和文化意识等方面对学生的语言综合运用能力进行（见下表6-7）。评价主体根据任务形式的不同可以是教师、

学生本人或其他学生。

表 6-7　任务完成质量评价表

能　力	能力要求	要求的解释	评价内容
语言综合运用能力	语言技能	语言技能是语言综合运用能力的重要组成部分，语言技能的评价包括对综合技能的运用，主要是对听、说技能的评价。	听
			说
	语言知识	语言知识是语言综合运用能力的有机组成部分，是发展语言技能的重要基础，一般从语音、字词等方面进行评价。	语音 字词
			语法 功能
			话题 语篇
	策略	策略包括情感策略、学习策略等五项内容，依据要求对学生掌握策略的水平进行评价。	情感策略学习策略
			交际策略资源策略
			跨学科策略
	文化意识	语言具有丰富的文化内涵，教学过程中应该对学生的认知能力、掌握文化知识的内容和范围以及理解中国文化的程度进行评价。	文化知识文化理解
			跨文化意识国际视野

注：评价内容的具体分级要求参见《国际汉语教学通用课程大纲》

第五节　基于初级汉语口语课学生综合评价模型的档案袋评价方法

　　档案袋（portfolio）的概念最初来源于美术领域，画家使用档案袋收集他们有代表性的作品。艺术家们建立档案袋的目的是用以展示他们作品的广度和深度，以及他们的兴趣、特长和能力。教育领域中使用的档案袋又称为学习档案、学生成长记录袋、文件夹，是指代表了每个学生的某一阶段的学习成果的作品集。档案袋是"展示每一个学生在学习过程中所做的努力、所取得的进步和反映其学习成果的一个集合体。它通常以一个文件夹或文件袋的形式收藏学生具有代表性的学习成果（作业、作品）和反思报告。档案袋的内容选择与评判标准的确定，都由学生参与。通过建立学习档案袋，可以督促学生经常检查他们所完成的作业，在自主选出比较满意的作品的过程中，反思他们的学习方法和学习成果，培养他们学习的自主性和自信心"。

随着 20 世纪 80 年代美国教育学家杜威的以学生为中心的教育理论的提出，教育界兴起了改革评价机制的思潮，档案袋评价引起了教育学家的高度关注。档案袋运用到学生评价中，其实就是对学生在学习过程中的各类作品和成果样本进行收集，学生、评价者以及相关人员通过档案袋中的内容展示以及与学生的交流，来了解学生的成长道路和学业进步的轨迹，并对学生的学习和发展进行质性的分析和评价。

基于 SAMSIC 的档案袋评价方法可以分为三个步骤：组织计划、材料收集与评价、成果展示。（见下图 6-1）

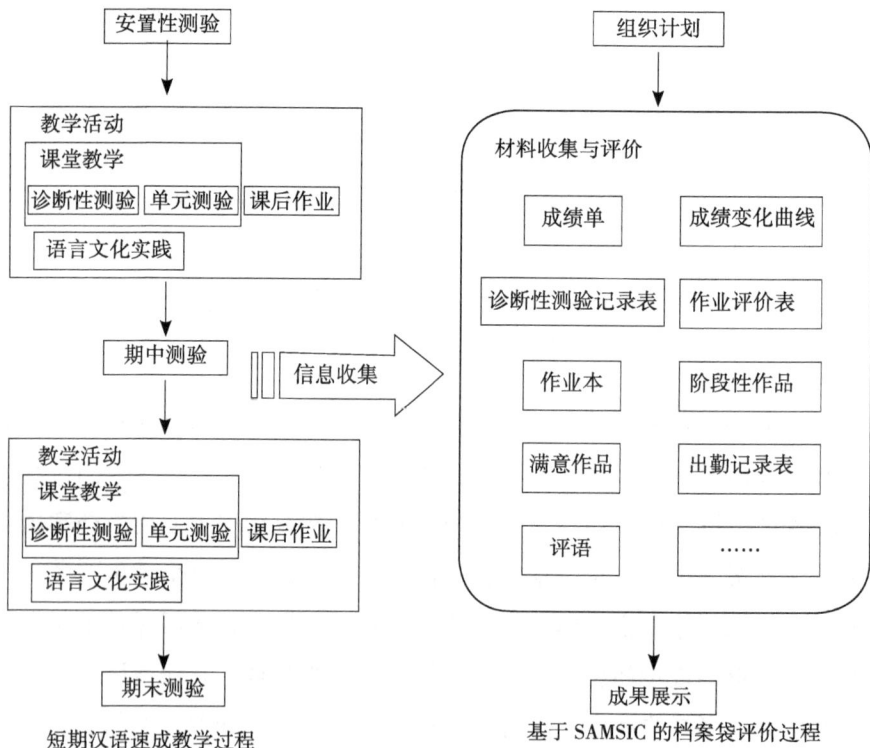

图 6-1　教学过程与评价过程示意图

一、组织计划

组织计划阶段主要进行以下几方面的工作。

1. 评价模型的适配

教师根据本学期教学的具体情况对短期汉语速成学生评价模型进行适配，使之在满足评价要求的前提下具有更强的可操作性。

2. 档案袋评价方法的介绍

教师向学生简要介绍档案袋评价方法的目的、内涵和意义，并明确评价标准和评价程序。教师可以向学生展示以往的完整档案袋样本（样本目录见下表6-8），让学生对其建立感性认识，充分调动学生参与档案袋评价的积极性。

表 6-8　档案袋样本目录

汉语学习档案袋
姓名：＿＿＿＿＿＿＿＿　时间：20＿＿年＿＿月——20＿＿年＿＿月
目录
第一类　考试成绩
1）　安置性测验成绩单
2）　期中考试成绩单
3）　期末考试成绩单
4）　成绩变化曲线图
5）　诊断性测验评价表
第二类　作业
1）　作业本
2）　作业评价记录表
第三类　作品
1）　阶段性、标志性作品
2）　满意作品
3）　作品评价记录表
第四类　表现
1）　课堂表现评价记录表
2）　语言文化实践评价记录表

（3）评价材料收集策略的确定

根据适配后的汉语短期速成学生评价模型，进一步明确本学期档案袋中评价材料收集的时间、内容和次数。

二、材料的收集与评价

在教学过程中教师和学生依据 SAMSIC 从考试、作业、作品和表现几个方面及时对档案袋内的材料进行收集与评价。

（一）考试

学生在一学期的短期速成汉语学习过程中，会经历分班考试、若干次课堂小测验、若干次单元考试、期中考试、期末考试等考试，有的学生还可能会参加 HSK 考试。其中，分班考试、单元考试、期中考试、期末考试、HSK 考试，由于可能涉及试卷保密的问题，我们无法将试卷放入档案袋中，因此，能放入档案袋的只有成绩单。为了更直观地反映学生在学习过程中成绩的变化情况，我们可以绘制学生成绩变化曲线图记录考试成绩，一并放入档案袋内，示意图见下图 6-2。

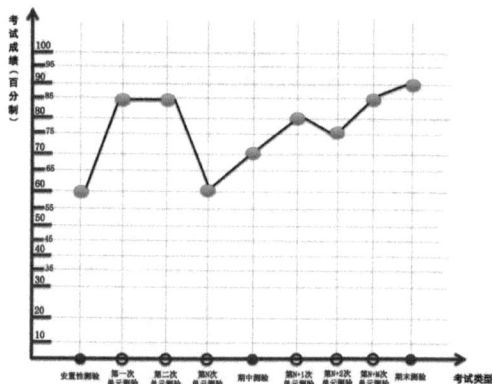

图 6-2　成绩变化曲线图

课堂小测验是教师根据自己的教学需要和安排，随堂进行的针对汉字或某一语言点等进行的小考。这种考试与上述其他类型的考试有所不同，考试形式比较灵活，考试内容也由教师自己决定，试卷不保密，最后教师给学生呈现的也不一定是百分制的分数，可以是正确率或错误率的一个结果。课堂小测验的评价目的主要是反映学生对某一具体语言点的掌握情况，所以教师在小测验后除了要进行判卷外，还要对测验结果反映出的学生问题进行记录，认真填写诊断性测验评价记录表（见下表 6-9）。

表 6-9　诊断性测验评价记录表

姓名：_____

第　　课	内容	结果	存在的问题	修改情况

（二）作业

课后教师会给学生布置相应的作业，形式一般是笔头或笔头和口头相结合，以达到练习、巩固、扩展课堂上所学的知识和技能的目的。作业评价记录表可以粘贴于学生作业本的首页，教师和学生共同合作填写。前三项，日期、第几课、内容，由学生填写，方便学生记录当天的作业内容；后三项，首次完成质量、主要问题、修改情况，由教师填写，在看过作业后对学生的作业完成情况进行评价，如学生未提交作业则后三项空白。作业本及作业评价记录表都放入档案袋中。

表 6-10　作业评价记录表

姓名：_____

日期	第　　课	内容	首次完成质量	主要问题	修改情况

（三）作品

教师根据本学期的具体教学实际，将教学过程细分为几个大的阶段，明确每个阶段学生需提交标志性作品的件数，从而确定本学期必须放入档案袋的作品总件数。除了阶段性、标志性作品以外，学生也可以选出其他自己满意的作品一起放入档案袋中，这部分作品的数量和内容可以不做硬性规定，决定权完全交给学生自己。

对于放入档案袋内的作品，要求学生自己给出自我评语，可以是创作缘由、最满意的地方、创作感想等。教师阅后从语言的准确性和复杂性，语篇的衔接和连贯性等方面给出教师评语。通过小组内或班级内的交流和展示，学生间也可以对作品进行评价。所以作品评价记录表（见下表 6-11）是由教师、学生本人和其他学生共同填写的。

表 6-11　作品评价记录表

姓名：_____

件数	作品名称	学生自评	教师评语	学生间评价
1.				
2.				

（四）表现

对于学生的课堂表现，教师应及时进行记录和评价，每次课后填写课堂表现评价记录表（见下表 6-12）。其中参与度一项参照上文提到的参与度评价标准进行，给出 A、B、C、D 相应等级。任务完成质量一项由教师参照上文提到的任务完成质量评价表进行，对学生本次课的任务完成情况进行评价。考虑到实际操作中，若教师对每个学生每次课的任务完成质量都给出详细的评语，工作量较大。因此，教师每次课可以只选取几个表现最突出的学生或存在较大问题的学生进行评价。

表 6-12　课堂表现评价记录表

姓名：_____

日期	第　课	出勤	参与度	任务完成质量

"语言实践"活动，即独立于书本教学之外的语言运用和练习活动。它不局限于课堂教学活动，不受制于教学所用教材，不拘泥于课程教学大纲，形式灵活多样、内容丰富多彩，既以一定的语言知识和技能为基础，又能脱离对某一个或某一些具体语言知识的考察，体现对基础语言知识和各项语言技能进行的整合与广泛运用，并能更直接有效地将目的语国家的文化、社会、生活等信息传递给参与者，同时也是开展文化教学的一个有效途径。

活动之前教师应结合实践活动内容给学生布置相应的任务，活动中观察学生的表现，活动之后组织进行汇报或撰写报告等方式展示学生的任务完成情况，由教师、学生本人和其他学生对其进行评价，填写语言文化实践评价记录表（见下表6-13）。

表6-13 语言文化实践评价记录表

姓名：_____

次数	语言文化实践内容	参加与否	任务内容	完成情况		
				教师评语	学生自评	学生间评价
1.						
2.						

三、成果展示

成果展示是基于SAMSIC的档案袋评价方法的重要阶段，也是学生体验成功的重要阶段。由于汉语短期速成学生学习周期较短，所以在学期内分两次进行成果展示，一次安排在期中考试结束后，一次安排在期末考试结束后。成果展示以汇报会的形式开展。汇报会前，学生把档案袋中收纳的全部材料进行系统的梳理和总结，在会上向教师和全体同学进行展示。教师和其他学生根据其成果展示情况进行口头评价，肯定成绩，指出问题，给出下个阶段的学习建议。

第六节 保证评价实施效果的因素

一、努力提高教师的课堂评估能力

教师课堂评估能力的高低是保证评估实施效果好坏的一个关键因素。评估结果的信度取决于教学评估意识的强弱、课堂观察的深度、信息收集的准确性以及推断结果的准确性。教师在对外汉语课堂中是否进行形成性评估，以及评估结果准确与否会对学生的学习和教师的教学产生不同的影响。较之以测试为主的终结性评估，形成性课堂评估对教师提出了较高的要求，教师需要改变已有的评估习惯，重视及时把握学生对所教内容的掌握程度、对教学方法的接受程度、学习策略得当与否等情况，在深入了解大纲、教法、教材、教学目的和学生的基础上，运用科学的评估策略，设计实用的评估工具，不断积累教学和评估经验，提高课堂应变能力，能根据课堂评估获得的信息对教学内容和方法做出适当调整，保证课堂评估的及时、准确、有效。除了改变评估习惯，积极实践探索以外，还应该对教师进行形成性课堂评估方面的培训，全面提高教师的课堂评估能力。

二、加强形成性课堂评估的管理

要保证形成性课堂评估的质量，除了要提高教师的评估能力以外，还要健全制度、加强管理、保障执行，使形成性课堂评估和终结性评估一样做到制度化、常态化、规范化。教学机构组织专家学者和一线教师制定出科学合理的评估制度和评估标准，要充分考虑评估结果的准确性和方式的可行性，考虑实际操作的具体条件和各种制约因素，保证实际评估操作的成功率。各教研室集体讨论商定针对相应起始水平学生的评估标准、操作程序、相应的评估记录表格、调查问卷等，具体指导形成性评估的执行，研究解决执行过程中遇到的实际问题，以确保课堂评估应有的质量效果；还要有各种制度和措施，如：对教师的形成性课堂评估工作进行量化并实行奖励等，充分调动教师参与形成性课堂评估的积极性。

三、创造和谐的课堂气氛和师生关系

创造和谐、民主的课堂气氛和师生关系，需要教师热爱、尊重、关心每一个学生，一视同仁，平等对待，多了解学生，帮助学生解决困难。通过教师杰出的人格魅力、丰富的专业知识、生动活泼的讲课方式，激发起学生积极的情感因素。只有在和谐、民主的课堂气氛和师生关系的前提下，学生才会积极参与到形成性课堂评估中来，愿意接受调查问卷和访谈，愿意表达自己对教学的意见，愿意关注和评价自己和他人的学习表现，才能保证评估的效果。

第七章　对任务型初级汉语综合课教学的一些思考

第一节　综合课的性质

综合课是很多国家和地区汉语教学的主干课，通过综合课教学全面培养和提高学习者综合使用汉语的能力，这包含了正确使用语音、词汇、语法、汉字等语言要素的能力，也包含熟练地使用汉语进行听、说、读、写的技能。但是，这些能力和技能并不是截然分开的，它们是彼此影响、相互制约、相互配合的综合性能力。因此，汉语综合课的性质也不是单纯的语言要素教学或语言技能教学，而是一门涉及多方面能力和技能，并将之有机融为一体的教学。

第二节　综合课的目标

综合课教学，特别是初级阶段的汉语综合课教学，首要目标是培养学习者汉语使用的准确性，即语言要素使用的准确性。也就是说，学习者应能够发音基本准确，使用正确的词语、句型、语段进行汉语表达。

其次，综合课应该综合培养学习者运用汉语进行听、说、读、写的技能，使学习者既能理解可理解性的输入，也能够基本流利地输出汉语，与人交流。

再次，综合课教学还应该培养学习者使用汉语的得体性，主要表现在教学过程中，帮助学习者理解语言中所蕴含的文化因素。比如："年龄"话题在很多国家被视为隐私，不是常见话题。可是在中国文化中，人们要根据年龄决定对方的称呼和与之交流过程中的态度，因此年龄在中国是一个普遍话题。因此，在综合课教学中应该向学生介绍清楚这一文化因素。

第三节　综合课的教学内容

综合课的教学内容既包含语言要素的教学，如语音、词汇、语法、汉字、语段的教学，也包含语言技能的培养，如听、说、读、写技能，同时还应该注重培养学习者的文化感知和情感感知。

第四节　综合课的教学方法

一、词汇教学方法

（1）图片法／实物法：主要用于展示意义明确的名词，如："眼、耳、鼻、口、门、窗、书、钱包、电脑、洗衣机"等，教师展示实物或使用形象的图片即可。

（2）动作法／视频动画法：主要用于展示意义比较明确的动词或趋向补语，如"走、握、举、拿、上去、下来、过来、过去"等。这些词语教师可以亲自进行动作示范或者使用形象的视频动画加以演示。

（3）对比悬殊图片法：主要用于展示意义明确的形容词，如："高／矮"，教师可以展示姚明和一个小孩子的图片；"胖／瘦"，教师可以展示一个相扑运动员和一个模特的图片；"高兴／难过"，教师可以展示一张哈哈大笑的图片和一张痛哭流涕的图片。这种图片展示法既可以教某一单一的形容词，也可以同时进行词汇扩展，教会学生相应的反义词。

（4）对比发音法／翻译法：主要用于处理大家熟知的音译外来词，如"可口可乐、沙发、麦克风、香槟"等。教师在处理这些词的时候，可以先带领学生熟读这些词，然后让学生快读，猜测这些词的原义是什么。

（5）语义对比法：这种方法主要用于处理意义相近、单用法不同的词语。如：①对比使用范围，如："热情／热烈"，"热情"主要指人的态度，而"热烈"主要用于充满强烈感情的场面。②对比搭配关系，如："参观 / 访问"，二者的意思都是英文的 visit，但是与"参观"搭配的常常是处所词，如"学校、图书馆"等，而"访问"重在交谈，常常与领导人物、名人到某地参观以及交谈相连。③对比色彩：主要区别感情色彩和语体色彩，尤其是语体色彩。如区别"你 / 您、太太 / 媳妇 / 老婆、漂亮 / 美丽"等。

（6）语素构词法 / 词汇网络法：利用一个相同语素，帮助学生将同类词聚合起来，形成词汇网络，便于理解和记忆。

如：

	公	母	小	肉
牛	公牛	母牛	小牛	牛肉
猪	公猪	母猪	小猪	猪肉
羊	公羊	母羊	小羊	羊肉
鸡	公鸡	母鸡	小鸡	鸡肉

（7）词语串讲：通常用于串讲某一相关话题的词语，这些词语常具有同一个语义场，并可能具备时间上的先后顺序。例如：

旅行→打包→托运行李→称重→超重→付款

（8）借助语境讲解词语：多用于讲解比较复杂的、抽象的词语，这些词语不容易说明解释，只好借助语境帮助学生理解。例如，讲解"以为"：

T: 你们第一天看见小凤（华裔女孩儿）的时候，你们猜她是哪国人？

S1：我猜她是韩国人。

T：小凤是韩国人吗？

Ss：不是，她是美国人。

T：对，可是以前我们不知道她是美国人，我们看她的脸，以为她是韩国人。

（9）先给例句，再释疑：教师先展示含有生词的句子，再通过提问帮助学生理解这个词。例如，生词"化"：

> 天气暖和了，河里的冰都化了。
> T：现在河里没有冰了，河里的冰都变成水了。

（10）全身反应法：如教方位词和动作动词时，可以教师说，学生做动作。如：教师说"上、下、左、右"，学生用手指相应的方向。

（11）词语扩展法：教师先给出学生类别词，然后要求学生把学过的相关词语归类，如：教师板书"食品"，学生可以写"苹果、面包、蛋糕"。

（12）词语归类法：教师给出若干相关词语，要求学生将这些词语进行归类，如：将"电视、锅、冰箱、词典、茶几、书桌、电脑、微波炉"等归入"书房、厨房、客厅、餐厅"等类别中。

（13）区别同音词语：包括音、声调略有差异的词，如"美人 / 每人、宫室 / 公式 / 攻势、拖鞋 / 脱鞋 / 妥协 / 脱卸"等。

（14）概括句意法：教师先用浅显的话解释某词，然后教师说句子，学生用该词语改写句子，如：

> 见闻：看到的和听到的事情
> T：她在日记中记下了在中国看到的和听到的事情。
> S：她在日记中记下了在中国的见闻。

（15）缩合构词：教师给出缩合词语的例子，然后让学生缩合相关词语，如：

> T：动物 + 植物 = 动植物
> 进口 / 出口　中餐 / 西餐　中年 / 老年

（16）生词复现法：教师通过提问，反复大量操练某一目标词语，让学生通过回答熟悉掌握这一词语，如：

> T：我对音乐有兴趣，对足球没兴趣。你呢？你对什么有兴趣？
> S1：我对太极拳有兴趣。

T：他对太极拳有兴趣，你对太极拳有兴趣吗？

S：我对太极拳没有兴趣，我对乒乓球有兴趣。

……

二、语法教学方法

（1）直观法：教师可以用图片、实物、动作、符号等，展示形象性的语法，如趋向补语的教学。

（2）演绎法：先展示语法规则，然后教师给出预警，学生使用这一语法规则完成句子。如：

比较句：A 比 B+ 形容词

T：我 1.71，她 1.68。

S：老师比她高。/ 她比老师矮。

（3）归纳法：教师先展示大量使用该语法的句子，最后归纳语法规则，如：

T：上个星期 20 多度，这个星期 5 度。这个星期有点儿冷。

　　学校的咖啡 5 块钱一杯，星巴克的咖啡 25 块一杯。星巴克的咖
　　啡怎么样？

S：星巴克的咖啡有点儿贵。

T：那个咖啡厅人很多，环境好吗？

S：环境有点儿吵。

　　归纳：主语 + 有点儿 + 形容词（表示不满意 / 不理想）

（4）变虚为实：将抽象的语法用形象的图例 / 图片来说明，化抽象为直观，如：

（5）大剂量输入：教师在展示语法环节，使用短文大剂量输入某一语法结构，然后引导学生注意到语法结构，然后进行解释操练，如：

> 昨天下雨，他穿着雨衣骑自行车，所以过马路的时候没看清楚。
>
> 我打着雨伞，过马路的时候没看见他骑自行车过来，结果我们撞在一起，都摔倒了。我的眼睛摔破了，他的自行车摔坏了。幸好都没摔伤。

这一段短文中，出现了大量的结果补语，然后教师可以将这些结果补语挑出来，进行讲解操练。

（6）区分近义语法点：如区分"的/地/得""了/着/过"。

（7）列表教关联词语：教关联词语的时候，可以通过列表的形式比较前后的关系，如：

事实	假设	是否转折
A：既然下雨，我就不去了。	B：如果下雨，我就不去了。	不转折
A：虽然下雨，但是我还要去。	D：即使下雨，我也要去。	转折

（8）话题法：运用某种话题，集中使用某一语法形式进行成段表达，如主谓谓语句的教学：

> 教师对主谓谓语句的形式进行操练，然后要求学生用主谓谓语句描述某个人、某个城市、季节气候特点等话题。

（9）画线提问：主要用于操练问句/汉语语序等。

（10）对比法：用于比较意义相关但有区别的语法点，如"有点儿/一点儿""就/才"。

三、课文教学方法

（1）关键词扩展法：教师板书本课关键词语，然后引导学生通过回答问题、完善短文，从而引出课文。这种方法主要用于短文类课文，如描述季节的课文教师可以给出：春季、夏季、秋季、冬季、暖和、炎热、凉快、寒冷等关键词语。

（2）联句成段法：主要用于上下文关系比较明确的对话类课文，如到医院看病，医生和患者的对话几乎是一对一紧密联系的，这时教师可以将医生和患者的话打乱顺序，让学生联句成段。

（3）思维导图法：用于短文类课文，教师板书一个中心词，然后通过一系列问题引导学生围绕这个中心词进行发散式思维，从而完成短文，如：

中心词：买东西

T：在北京，你经常去什么商店买东西？

你多长时间去一次？

你常买什么？

你常跟谁一起去买东西？

……

学生表述完自己的情况后，教师引导学生成段表达，然后再引出课文。

（4）对话体和陈述体互换法：普遍的做法是将对话体课文转换为陈述体，或将陈述体课文改为对话体。

（5）角度变换复述课文：主要指陈述体课文，变幻人称、时间、结构、文体等，然后重新表述，如介绍家庭成员，分别从父亲、母亲、孩子的角度进行介绍。

（6）看图说话：使用连环画等方式串联课文，比如：塞翁失马的故事。

（7）仿写法：教师展示讲练课文后，让学生结合真实情况，仿写一段话。

四、练习操作方法

（1）完成对话：主要用于对话类练习。教师设置情景，学生使用学过的语言形式完成对话，如设置这样的情景：第一次去中国家庭拜访，完成关于年龄、家庭成员等信息的对话。

（2）信息差活动：寻找图片的差异或两端文字的差异，然后用相应语言形式表述，如：两张室内布局图，要求学生找出二者差异，目标语法点是方向词。

（3）挑错活动：图片中有些食物的安排是不合逻辑的，要求学生找出这些不合逻辑之处，然后描述。这种方法可用于操练方向词和趋向补语。

（4）完成下半句：教师说上句、学生说下句，主要用于操练逻辑关系明确或关联的词语，后半句多为开放性的，学生可以有多种答案，如：

今天星期一，明天 _____。

不是我不想买，而是 _____。

（5）扩展句子：按照中心词——词组——短语——句子——长句子的顺序，进行扩展。这种方法可用于操练词语和语序，如：

书——中文书——一本中文书——一本很便宜的中文书——一本北大出版的很便宜的中文书——我买了一本北大出版的很便宜的中文书。

（6）传问句：学生想若干问句，然后 A 问 B，B 回答；B 改变问题问 C，C 回答后变换问题问 D。这种方法可用于操练问句。如：

A：你是哪国人？

B：我是中国人。你叫什么名字？

C：我叫大卫。你多大？

D：我 20 岁。你属什么？

……

（7）抢答：可以操练任何语法点。

（8）采访后完成表格：利用表格提示学生对话练习信息，然后要求学生根据表格做报告，如：给学生一张日常表，让他们通过采访了解同学的一周行程，然后向全班汇报。

	星期一	星期二	星期三	星期四	星期五	星期六	星期日
上午							
下午							
晚上							

（9）故事接力：教师展示故事性比较强的连环画，然后给定一些词语，并给出第一句话，然后要求学生每人一句，完成这个故事。

（10）编故事结局：操作方法同上。

（11）故事表演：教师先讲一个角色分明的故事，然后学生分组表演故事中的角色，做一个对话，如：狐假虎威的故事。

第五节　任务型初级汉语综合课中的文化因素

听留学生说中国话，我们常会发现这样的现象：打招呼，不管何时何地，就是"你好""你好吗""你怎么样"；问年龄，不管对象是什么人，就问"你多大了""你几岁了"；介绍自己的近况，不管情况如何，都回答"我很好，你呢"等这些句子，一听就是课堂上学来的套话，与中国人真实的日常交际相差甚远。因此，很多留学生都有疑问，"我学了那么多的生词和课文，在课堂上练习了很多遍，为什么中文说得还是不地道呢？"这种现象恰恰反映了当前汉语教学中对深层交际中所蕴含的文化因素照顾不够的问题。

我们认为，语言学习与文化是密不可分的，因此在初级汉语综合课教学中，我们要处理好语言与文化的关系，应该解决这样几个问题：①初级汉语教学中应该介绍什么样的文化？②在初级汉语课堂教学中，如何使文化因素与语言教学有机结合起来？③文化教学如何与任务型教学相结合，以增强学习者的学习趣味？我们希望通过借此建构语言文化相结合的初级汉语综合课教学模式。

一、强调文化因素的重要性

语言和文化是密不可分的，二者是下位和上位的关系。在任何一种语言教学中，文化教学都贯穿于语言教和学的始终。对外汉语教学承担着汉语教学与文化传播的重任，加之中华文化的博大精深，因此，在教学实践中，我们必须重视文化的因素。

从学习者学习汉语的角度出发，我们对 2008 年至 2009 年 140 名来华留学生进行了汉语学习需求的问卷调查和相关访谈，如下图 7-1。

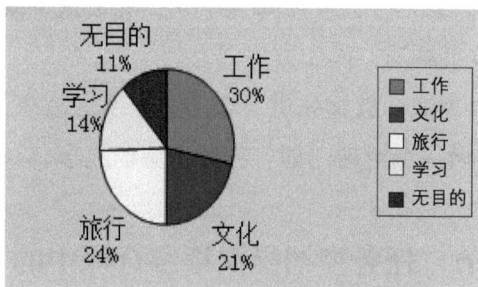

图 7-1　学习需求分布情况

结果显示，有 20% 的汉语学习者，悠久的中华文化是他们学习汉语的最初始的动机，这部分学习者往往从事与文化学术相关的工作或研究。而对于大多数汉语学习者来说，他们不仅对中国传统文化感兴趣，也对当代中国的政治、经济、时事和文化现象感兴趣；而更加吸引他们的是日常生活中所蕴含的丰富的中华文化底蕴，比如中国的餐桌文化、中国师生互动方式、中国人的家庭观念、中国的砍价文化等等。

因此，在初级汉语综合课的课堂上，我们所要介绍给学生的中国文化，就不仅仅是几个民俗节日，也不仅仅体现在风俗习惯上，而是一种理念，"是体现在有形的文化产品与文化活动之上的无形的文化观念"，更通俗地说，是中国人待人接物的方式方法和当代中国人的思维方式。因此，在初级汉语课堂教学中，我们不仅要强调语言本身，更要重视语言的文化属性，使汉语课堂处处体现中华文化特色，使语言学习能融入到真实的文化背景中去，从而帮助学习者尽快说出"地道"的汉语。更通俗地说，我们要教给留学生"什么时候说什么话"。

二、初级汉语综合课堂中的文化要素

（一）汉语课堂中的文化因素

刘珣教授曾将对外汉语教学相关的文化教学分为三个层次，即：语言的文化因素、基本国情和文化背景知识、专门性文化知识。对于初级汉语学习者来说，后两者略显艰深，因此，不作为教学的重点。而语言的文化因素是指隐含在词汇系统、语法系统和语用系统之中、在跨文化交际中制约着语言的理解和使用，甚至可能造成一定的交际误解和障碍的因素，这种因素是透过语言本身传递出来的文化底蕴，因此也是我们教学的重点，我们暂将之命名为隐性文化因素。

比如，"你好"一词。在开学的第一天，几乎所有的汉语课都会教"你好"这个打招呼的专用语，有的教师还会补充"您好"。我们把这两句话当作固定用语教给了学生，绝大多数学生也牢记在心并且能够运用自如。但是，如果我们将"你好"分解成"你"和"好"两个字，它们合起来反映了中国人希望对方幸福、快乐、平安的美好愿望，也恰恰向学生传递了中华文化深层"仁"的思想。这样就把这种隐性文化因素透过语言本身向外传递出了信息。

汉语课堂中还应该重视另外一种文化因素，我们将之命名为显性的文化因素，这类文化因素主要通过反映文化特点的表层信息传递，如教室中具有中国文化特色的布置、教师的言谈举止、课堂上对具体文化传统、文化理念、文化物品的展示和介绍等。比如，在学习介绍自己出生年月的一课时，教师可以提前在教室布置关于中国属相的图片或剪纸，给学生以感性的刺激；再比如端午节，教师可以给学生展示粽子和端午节龙舟比赛的图片或者视频，或者简单介绍端午节的由来，这样，尽管学生对这一节日文化知之不深，但却在心底埋下了想深入了解的种子。

因此，我们认为，在语言课堂上，我们要重视的隐性文化因素，即体现在语言中的文化因素。

（二）目前初级汉语综合课中引入文化因素情况

当前对外汉语教学的主干课型为综合课，这种课程的设置主要为了应对在多种语言背景下进行汉语教学的诸多问题。由于学习者属性各异，我们的教学应该尽量通过反映语言文化理念的真实材料，让背景不同的学生在同一课堂上能够相互交流、增进了解，共同体验中国。

在初级汉语综合课课堂教学中，我们比较注重听、说、读、写等交际技能的培养，为了尽快提高初学者的汉语交际能力，教材和教学中往往选取最常用的用法进行教学。我们曾经对《新实用汉语课本》《体验汉语（基础教程）》《速成汉语综合课本》和《发展汉语》等四套教材的第一册进行了分析，发现这些课本中提及的话题包含了：问候、介绍个人、介绍家庭、介绍日期、介绍地点、购物、饮食、换钱等基本话题，但是每个话题中包含的都是最基本的语句，如"你好、谢谢、再见、你好吗、多少钱一斤"等等。学习者掌握了这些最基本的用法以后，可以很快融入到目的语生活中。但是，对于绝大多数成年汉语学习者来说，当他们真正接触到中国人的日常生活时，往往发现这些基本用法无法明确表达他们的想法，也达不到他们理想的交流效果。究其原因，就是因为语言中文化因素的缺失，语言过于简单平板，缺少一定的文化色彩，因此就出现了学生"什么时候都说一句话"的状况。我们认为，在面向成年汉语学习者的初级汉语综合课课堂上，我们应该更加注重语言与文化因素的结合，利用文化因素更好地实现语言的交际功能。

（三）什么时候说什么话

对于成年第二语言习得者来说，只要他们保持比较强的学习动机，完全可以习得一些使用环境明确、形式复杂但具有定式特点的汉语语句。我们曾经在课堂实验时教给第一天学习汉语的学生三种打招呼方法，包括："你好、吃了吗、出去呀"。这三个句子具有定式特点，除"你好"使用较为普遍外，其他两个语句的使用环境非常明确，同时其体现的文化色彩表现了中国人相互关心的特点。后两个语句我们原本认为学习者接受起来比较有难度，但经过教学实验发现，大部分学习者非常欢迎这些地道的中国式的打招呼方法，并且能在第二天乃至以后的中国生活中灵活运用这两句话。

据此，我们在初级汉语综合课的课堂中，结合课本并对课本内容进行了适当的功能扩展。这些扩展的功能中，充分展现了汉语语言的文化色彩。同时我们也结合初级汉语学习者的学习情况及在华生活情况，总结出了17大类体现中国文化特色的语言交际功能，每个大类中又包含若干语言使用场景，每个场景中包含若干条语言定式，这些语言定式方便学生记忆和使用。

以"问候"功能为例。

问候功能我们共设在教室、在餐厅、在学校门口、早上、晚上、对许久不见的老朋友、对第一次结识的新朋友、在正式场合、在家庭聚会等10个场景，每个场景包含若干条语言定式，如：

在教室：1）老师好！ 2）张老师，您好！ 3）早上好。

在餐厅：4）吃了吗？ 5）吃完了吗？

在学校门口：6）出去呀？ 7）回来啦？

早上：8）早上好！ 9）早！ 10）您早！

晚上：11）晚安！ 12）睡个好觉！

对许久不见的老朋友：13）好久不见了！ 14）你最近怎么样？
　　　　　15）你跑哪儿去了。

对第一次结识的新朋友：16）认识你很高兴！ 17）幸会幸会！

在正式场合：18）别来无恙！ 19）近来如何！

在家庭聚会：20）你来了！

这些语句我们并不是集中或无条理的介绍给学习者，而是要根据学习者的实际需求和教学设计灵活安排，融入到课堂教学中去。

第六节　如何将文化因素融入初级汉语综合课教学

一、融入原则

在初级汉语综合课的课堂上融入文化因素，我们应该从课型特点、课堂教学实际等方面综合考虑融入原则。

（一）文化因素服务语言教学原则

虽然汉语教学中应该重视文化因素的教学，但是，汉语教学的核心任务仍然是进行语言教学，不能以文化代替语言，文化教学应该限定在语言教学的范围里边，课堂中的文化因素更不能喧宾夺主。具体体现在：文化因素的设置应该围绕具体的课设计，教师可以挖掘语言本身蕴涵的文化点滴，将浅显易懂的东西作为教学的内容，而不过分追求文化教学的知识性和系统性。

比如我们在讲授汉语中"百以上的称数法"时，首先我们给学生布置了采访作业，即学生可以去采访中国人或上网搜索关于中国的大数字，如"北京奥运会有多少个国家参加""长城有多长""故宫有多少个房间""中国有多少人口"等。这样既增加了学生学习和表达的兴趣，又无形中传递了中国文化。

（二）文化教学分层次原则

初级汉语综合课本身的特点，决定了文化教学介绍的文化是中国文化内涵中的点滴，因此，在教学过程中，我们应该注重由浅入深、由表及里、边学习边总结，最后归纳出更为具体、系统的文化特点。

还以打招呼为例，开学初，学习者学习的是"你好""您好"这样的打招呼通用语，慢慢地，学习者还会掌握"老师好""你好吗""你怎么样"等较为常用的打招呼用语。但随着学习者汉语水平的提升和他们接触到的人、事务的增多，我们可以根据不同的交际场景和交际功能，为学习者补充更为中国化的用法，如"吃了吗""出去呀""干吗去"等等。

（三）文化教学重比较原则

由于初级汉语综合课的课堂上，绝大多数都是学生具有不同的文化背景，因此在文化教学过程中，我们不仅要比较中国文化与学习者本国文化的差别，还要引导学生比较不同国家之间文化的差异。

比如在谈论天气和季节的时候，教师介绍说中国人比较喜欢秋天，因为秋天天气秋高气爽，代表收获的季节。学生可以首先比较他们自己的国家与中国的差异，然后彼此分小组讨论各自国家之间的差异。这样做不仅增强了学习者表达的迫切性，而且大大提高了他们的学习兴趣，也使课堂气氛更融洽。

总之，在初级汉语综合课的课堂上融入文化因素，我们应该注重由浅入深地引入，让学习者在比较中发现、体会中国文化特色，并且反过来能在不同的场合、不同的文化背景下正确使用汉语表达自己的思想和状况。

二、融入方法

在初级汉语综合课中，尽管我们融入的文化因素是为语言教学服务的零散的文化点滴，但教师应该对每一课包含的文化因素进行合理安排，将其合理地融入到教学环节中去。

我们的具体操作方法是：为每一课重点文化因素设置预习式作业，让学习者提前对该文化因素有所预习，并产生想进一步了解的欲望。在课堂教学环节中，首先进行必要的语言形式操练；然后在任务环节，结合不同的文化背景为学习者设置具体任务，或要求学习者在完成任务的过程中体现中国文化要素，或引导学习者就某一话题进行文化比较，等等。在学习结束时，教师对本课所涉及到的所有文化因素进行总结，也可根据学习者实际情况有所补充，但补充的内容不要求学习者完全掌握，仅作为引发学习者学习兴趣的材料。

以速成汉语综合课（零起点）第 17 课《祝你生日快乐》为例：

这一课的重点文化因素是祝福语与生日习俗，我们为学习设置的预习式作业是：①请你采访一位中国人，问问他：要是他的父母、朋友过生日，他/她常说什么？送什么礼物？②请你采访3—4位同学或朋友，问问他们上述相同的问题。③思考一下，在你们国家，要是向朋友祝福，你常常说什么？

这一课的重点语言形式包括："祝+某人+……""……是对+某人+说的""这是我送你的……""……代表……"等等。课堂教学中，我们可以边操练语言形式，边零散引入上述文化因素，比如：练习"祝+某人……"和"对……说……"教师可以不断为学生提供语境，如"生日的时候，对朋友说什么、对女朋友说什么、对爸爸妈妈说什么、对爷爷奶奶说什么"等。这里我们又引入了"健康长寿"这一个很有中国特色的祝福语。

在任务环节，我们分别为学习者设置了表演任务和陈述任务。在任务开始之前，我们首先让学习者分别介绍在他们国家祝福语的情况，有的学生可以用汉语表述，有的学生用母语表达，不过都必须使用"对……说祝……"这一句型。然后教师设置不同的文化背景，如给老人祝寿、给朋友过生日等，然后给学习者分组，自己安排角色进行表演，并要求使用学过的语句。在表演任务结束后，让学生继续围绕刚才的话题，讨论各自国家过生日的习俗，如"送什么礼物、说什么话、有什么特别的习惯"等。在学生讨论的过程中，教师巡视指导，可以参与讨论，也可以为学习者提供帮助。最后教师要求每一组形成一份讨论提纲，然后派代表上台总结，并接受大家提问。在这些任务环节，教学始终以文化讨论为主线，以语言形式和交际能力为中心。因此，达到了语言与文化相结合的教学目标。

在最后的总结环节，教师对课上讨论过的语言形式结合不同文化背景进行总结，同时也为学习者补充了一些课外的相关文化信息，如：中国的尊老传统，问老人年纪，我们常常问"您高寿了"；中国人重视学习和工作，所以在向朋友祝福时，常常说"祝你学习进步、工作顺利"等。而这些信息与学习者自身的文化背景知识是存在差异的。

第七节　文化教学与任务型教学相结合

语言教学界认为，高质量的语言交际应该包括流利性、准确性、复杂性。但是，如果过于强调意义交流，虽然可能保证流利性，却往往以损害准确性、复杂性为代价；而第二语言学习者的注意力是有限的，如何使有意义的语言交际在高层次上进行，使流利性、准确性、复杂性有效地融为一体，这才是学习者和研究者追求的目标。任务型教学提倡合理地分配注意力，即：一方面注重语言形式，聚焦结构、辨认句型；另一方面完成语言使用任务，把语言形式融入到语言行为中。如果学习者的语言能力实现流利性、准确性、复杂性的均衡发展，则可自然促动习得机制向前发展，使潜在的中介语系统得以更好的构建与扩展。

因此，我们在汉语课堂中将交际功能按照文化因素划分为若干小类，这就为任务设置提供了不同的语境。语言定式教学缺少灵活多变性，却保证了交际的准确性；不同功能语句增加了学习者交际的复杂性。而学习者在完成具体的交际任务过程中，培养了交际的流利性。

我们将功能、文化因素与任务相结合，围绕不同的语境，设置信息差任务、观点差任务和推理差任务三种。具体操作方法是：教师准备若干文化和身份，学习者根据自己抽签得到的提示完成交际任务。比如：早上，同事们在公司见面，有的人是老板，有的是好朋友，有的是一般同事，有的在门口见面，有的在餐厅见面，要求学生根据情况互相打招呼。再比如，在一次正式聚会上，两个人向老先生发出邀请，而老先生只接受了其中一个人的邀请，教师为学生提供两组语句，请学生讨论哪些语句可以成功邀请老先生。

综上所述，我们认为，在初级汉语综合课的课堂上，语言教学应该与文化因素有机结合起来，让我们的课堂真正体现出汉语和中国文化中更为地道、更具内涵的东西；教师应当帮助学生正确处理不同场景的语言使用情况，能够做到在日常生活中"什么时候说什么话"。

第八章 任务型口语教材——《新目标汉语口语课本》

第一节 背景

研究者们普遍认为，语言教学的根本目标就是"完成任务"。这是因为，任务型教学理念提供了合理分配学习者注意力的方法，能够注重形式并把语言形式融入到语言行为中，促进了形式和意义的有机结合；同时，可自然促进习得机制向前发展，使潜在的中介语系统得以更好的建构与扩展。

正因为如此，近年来汉语教学领域积极引入并使用任务型教学理念，但总体上来说仍然遵循传统的教学理念进行教学，教师们苦于绝大多数现行汉语教材是以语法为纲编写的，课堂教学中往往将任务作为教材练习形式的补充。而任务型教学理念是要贯穿课堂教学乃至课前、课后始终的，现有的以语法为纲的教材根本无法满足这种需求。因此，我们认为，要培养学习者汉语实用的流利性和准确性的有机统一，实现汉语教学的根本目标"用汉语做事"，首要的任务是编写一套真正体现任务型教学理念的教材。

第二节 编写理念

《新目标汉语口语课本》是为广大汉语学习者特别是海外汉语学习者编写的口语系列教材，以汉语交际目标为导向，以任务为主线，结合话题、功能、文化，紧紧围绕"任务目标"进行编写。

首先，教材内容体现了任务型教学理念的基本要求，即：任务以意义为主，与现实生活的类似活动相关联，任务中包含需要通过语言交际来解决的问题，最后根据结果评估任务的执行情况。

其次，本套教材指导下的教学模式，既注意交际性，又在总体层次上考虑语言形式，不以牺牲任何一方为代价，力求在有意义的语言使用环境中聚焦形式，以保持二者的均衡。

其三，教材的编写体现了科学性、系统性的原则，事先对汉语学习者和授课教师进行了需求分析，包括考虑影响学习的诸因素，如态度、动机、意识、个性、打算、期待等。然后，通过实证性的而非经验型的研究，明确目标任务以及选择、编排教学任务。

第三节　教材内容

本套教材分为六册，每册十个话题单元，并包含配套教师用书、多媒体资源包等。六册书分别面向不同水平的汉语学习者，具有明确的任务和语言能力发展目标，具体如下：

第一、二册面向零起点及初级汉语学习者，每册 10 个话题单元，所包含的话题为一般非正式的话题，或具有可预测性、熟悉的日常活动和少数稍具正式性的话题。学生在与汉语母语者交谈时，可以借助重复等交际策略，帮助对方理解自己的表达内容。任务活动形式侧重于信息差活动和表演活动，学习者通过分工协作，接受不同的听力或阅读材料，然后完成相应的信息差任务和推理差任务。通过学习，学习者具备简单问题的问答能力，有开始一段简单对话并延续话轮、结束对话的能力；语言具有开创性，不再依赖记忆性的词、短语和单句。

第三、四册面向准中级汉语学习者，每册 10 个话题单元，话题大部分属非正式话题，有一些正式话题，但这些话题是跟个人有关并能引起大众兴趣、广为讨论的话题。这类学习者已经具备了一定的非正式话题交际能力，因此，本册教材任务形式重点侧重推理差和意念差活动，学习者通过不同的分组、模拟、表演等任务形式，能够比较、叙述并说明过去、现在、未来的时间及经验，具备处理未能预期且较为复杂的情况的能力。

第五、六册面向中级汉语学习者，每册 15 个话题单元，大部分话题为较正式话题，涉及当今世界政治、经济、文化、生活、体育等方面一些大众应当能够感兴趣的话题。在这一阶段，学习者应能够串联若干简单段落，进行较长的成段表达。任务形式延续推理差和意念差形式，并引入具有一定难度的影像和阅读材料，引导学生通过讨论、协商完成教师布置的任务。学习者应能就给出的问题进行较为广泛充分的讨论，提出假设，表达自己支持或反对的论点。

总而言之，《新目标汉语口语课本》将以不同层次的任务目标为蓝图，配合相关语言形式，将基本语言话题，由日常生活熟悉的、可预测的、非正式的话题，提升至较正式的、经常讨论的、为一般人所关心的社会文化主题；习得叙述、说明、解释、表达意见、讨论、比较、分析等能力。教材的内容及任务目标和语言形式的安排都是循序渐进、螺旋式循环上升的。

第四节 教材体例及使用说明

一、教材体例

《新目标汉语口语课本》以任务目标划分教学单元，每个单元包含"学习目标说明""导入""头脑风暴""生词总动员""任务及活动""语法点注释""学习后任务""自我评估""文化小贴士"九个主要组成部分，这九个部分从引入话题入手，循序渐进，以任务为主体，涵盖生词、语言形式、交际策略、文化背景等方方面面，有层次地螺旋上升，为各类学习者和汉语教师提供了丰富、灵活、可选择的真实交际材料。

二、使用说明

《目标汉语口语教程》每个单元包含九个组成部分，每个部分都以特定的目标为指导，以任务活动和相应语言材料为主体，具有鲜明的特色，其中：

（一）学习目标

界定了本单元话题、任务目标、语法点目标、重点语句目标和重点词语目标，可作为教师把握教学重点和难点的依据，也可作为学生预习或复习的标准。

（二）导入

以一个与话题相关的问题入手，配合形象的图片将学习者引入本单元话题，有利于开动头脑，进入下一环节的"头脑风暴"。

（三）头脑风暴

引入了思维导图的最新研究成果，将与本单元任务目标相关的词汇分层级呈现给学习者，帮助学习者打开思路，为进入下一环节"生词总动员"做准备。这一环节的词汇由于采用了发散性思维方式呈现，因此并非所有词汇都要求学生掌握，教师可根据需要指导学生，学生也可根据这一部分进行预习或扩展自己的词汇量。

（四）生词总动员

通过大量丰富的图片和任务型活动，帮助学习者开动脑筋，学会使用目标词语。大量活动以语言形式的方式帮助学习者使用词汇，因此这一部分也起到了复习旧课、承接新课语言点的作用。通过这部分的学习，学习者能够在合适的场景中正确使用任务目标相关词汇。"生词总动员"后附"生词大盘点"，帮助教师和学生更好地把握本单元的重点词汇。

（五）任务及活动

这一部分是每个单元的重点，包括"任务示范""分步任务活动"和"综合任务活动"三部分。其中"任务示范"给学习者提供一个实用、具象、有趣的对话，配合情景介绍和图片，给学习者以直观形象的示范；"分步任务活动"，重在解决本单元相关语言形式和语言点的使用问题，通过大量丰富的任务型活动，循序渐进地带领学习者在互动中学会正确使用；"综合任务活动"旨在综合运用本单元相关词汇和语言形式，完成本话题典型任务，并提供相关的新的活动，提升学习者的交际能力和交际策略。总之，"任务及活动"部分通过由典型到发散、由简单到复杂的任务活动，带领学习者螺旋式上升，解决实际的交际问题。教师可根据实际教学情况，全部采用或选取部分任务型活动进行练习。

（六）语法点注释

《新目标汉语口语课本》每个单元包含一个单独的语法点注释部分，

涵盖本单元出现的重要交际性语言点，既包含语言形式，也包含语用层面上、功能层面上的语言使用说明。这不仅为教师备课提供了参考，其简洁、明了、典型的说明和示例也为学生把握语言点提供了有利的帮助。

（七）学习后任务

学习后任务是本套教材编写理念的重要组成部分，是让学习者真正到生活中"用语言做事"的重要环节。因此，《新目标汉语口语课本》每个单元都设计了一个涵盖全单元所有内容的综合任务活动，引导学习者课后"做事"，并在生活中检验他们的学习成果。为了保证这部分切实发挥作用，建议教师在下一次课中对这一部分进行检查。

（八）自我评估

自我评估旨在帮助学习者检验自己的学习成果。这一部分设计了一些趣味性的活动检验学习者词汇、语法点、交际技能的掌握情况。这一部分可作为学生的课后作业，也可用于教师的课堂评估。

（九）文化小贴士

这一部分是本套教材的特色，不同于传统教材注重民俗文化、历史文化等大文化的特点，《新目标汉语口语课本》每单元所选取的文化点都是跟任务目标相关的生活文化，配合"图片看中国"的丰富图片，它反映的是现代中国和中国人的生活现状，为学习者提供了语言交际的真实文化场景。教师可引导学习者自学或为学生提供相关视频材料进行深入了解。

第五节　教材特色

《新目标汉语口语课本》开创了国内汉语教材以目标为导向，任务与形式相结合的先河，书中提供大量反映生活真实情景的图片和灵活、多样、有趣的任务型活动，并配合音频、视频相结合的资源包，为广大汉语学习者展示了真实的中国生活。本套教材将全任务型与形式相结合，具有故事性、灵活性、趣味性强等鲜明的特色。

一、全任务型与形式相结合

本套教材以任务型教学理念贯彻始终，教材的每一个环节都包含任务的引入、展示、"做事"、汇报、总结的环节。每个单元各部分之间、每个单元之间的教学内容和任务活动也是不断重现、螺旋上升式的。此外，教材编写兼顾语言形式与意义的有机结合。因此，在教材编写体例中，教材以各类任务活动为主体，同时不放弃基础性的语言形式操练，做到了形式与意义的统一，能够有效培养学习者语言使用的流利性和准确性。

二、故事性强

本套教材的鲜明特色是以一个来华留学生大龙与中国家庭的故事为主线，设计任务示范，因此每个单元的任务示范环节都是一个逐步发展的故事情节，这些故事情节围绕大龙在中国的见闻和众多相关人物的生活工作情况展开，既包含学习、生活、工作，也包含中国国情、文化、历史等方面的内容，每个单元都有新的故事场景，每册都有一个新的故事阶段，人物的命运随着学习的深入逐步展现在学习者面前。

三、灵活趣味性强

由于本套教材采用了大量反映中外真实生活的图片，并配合了灵活多样的活动方式，因此学习者将不断面对不同的感官、思维的冲击，为了完成不同的任务，学习者要积极寻求语言的帮助。由于本套教材采用了故事性主线，教材根据人物之间的生活和文化冲突设计故事情节，增加了任务示范的趣味性，同时由于考虑到了文化冲突，也兼顾了实用性。

综上所述，《新目标汉语口语课本》是一套以目标为导向，以任务为主线，将话题、功能、文化相结合，达到形式与意义有机统一的纯任务型教材。这套教材有效地填补了汉语教学领域目前缺少任务与形式并重型教材的空白。

参考文献

[1] 北京语言大学汉语速成学院.汉语速成教学研究（第一辑）[M].北京：北京大学出版社，1997.

[2] 北京语言大学汉语速成学院.汉语速成教学研究（第二辑）[M].北京：华语教学出版社，1999.

[3] 陈莹.口语教材书评 [A].北京：北京语言大学硕士研究生学位论文，2000.

[4] 汲传波.对外汉语口语教材的话题选择 [J].云南师范大学学报，2005（6）.

[5] 靳洪刚.第二语言习得与语言形式为中心的结构教学探讨 [J].中文教师学会学报，2005（1）.

[6] 刘英林.汉语水平等级标准与语法等级大纲 [M].国家对外汉语教学领导小组办公室汉语水平考试部编.北京：高等教育出版社，1996.

[7] 罗青松.试论定向汉语教材编写的环境文化因素 [J].语言文字应用，2005（4）.

[8] 马箭飞.新模式：以"交际任务"为基础的汉语短期教学 [C]// 国家汉办教学业务处编.对外汉语教学与教材研究论文集.北京：华语教学出版社，2000.

[9] 马箭飞.任务型大纲与汉语交际任务 [C]// 中国对外汉语教学学会编.中国对外汉语教学学会第七次学术讨论会论文选.北京：人民教育出版社，2002.

[10] 施家炜.外国留学生 22 类现代汉语句式的习得顺序研究 [J].世界汉语教学，1998（4）.

[11] 施家炜.韩国留学生汉语句式习得的个案研究 [J].世界汉语教学，2002（4）.

[12] 施家炜.国内第二语言习得研究二十年 [J].世界汉语教学，2007（3）.

[13] 王还.对外汉语教学语法大纲 [M].北京：北京语言学院出版社，1995.

[14] 王甦，汪安圣.认知心理学 [M].北京：北京大学出版社，1992.

[15] 王瑞峰 . 小组活动的任务形式和设计方式及其在对外汉语教学中的应用 [J]. 语言教学与研究，2007（1）.

[16] 王坦 . 合作学习：原理与策略 [M]. 北京：学苑出版社，2001.

[17] 温晓红 . 汉语作为外语的习得研究——理论基础与课堂实践 [M]. 北京：北京大学出版社，2008.

[18] 文旭 . 话题与话题构式的认知阐释 [J]. 重庆大学学报，2007(1).

[19] 吴中伟 . 浅谈基于交际任务的教学法——兼谈口语教学的新思路 [C]// 第七届国际汉语教学讨论会论文选 . 北京：北京大学出版社，2004.

[20] 杨寄洲 . 对外汉语教学初级阶段教学大纲 [M]. 北京：北京语言大学出版社，1999.

[21] 杨寄洲 . 对外汉语教学初级阶段语法项目的排序问题 [J]. 语言教学与研究，2000（3）.

[22] Bardovi-Harlig, K.. Markedness and salience in second language acquisition[J]. Language Learning, 1987.

[23] Bardovi-Harlig, K..The emergence of grammaticalized future expression in longitudinal production data[M]//In M. Overstrreet,S. Rott,B.Vanpatten, &J.Williams (Eds.), Form and meaning in second language acquisition, Mahwah, NJ: Erlbaum , 2004.

[24] Carroll, S. Putting "input" in its proper place[J]. Second Language Research, 1999(15).

[25] Carroll,S. &Swain, M.. Explicit and implicit negative feedback: An empirical study of the learning of linguistic generalizations[J]. Studies in Second Language Acquisition, 1993(15).

[26] Chaudron,C.. A descriptive model of discourse in the corrective treatment of learners' errors [J]. Language Learning, 1997(27).

[27] David Nunan.Task-Based language teaching[M]. Cambridge University Press, 2004.

[28] Demetras, M. Post,K., &Snow, C.. Feedback to first language learners: The

role of repetitions and clarification requests[J]. Journal of Child Language, 1986(13).

[29]Dornyei, Z.. Motivational strategies in the language classroom[M]. Cambridge: Cambridge University Press, 2001.

[30]Doughty, C.. Second language instruction does make a differences: Evidence from an empirical study of ESL relativization[J]. Studies in Second Language Acquisition, 1991(13).

[31]Doughty, C.& Varela, E.. Communicative focus on form[M]. In C. Doughty & J.Williams (Eds.), Focus on form in classroom second language acquisition (pp.114—138). Cambridge, UK: Cambridge University Press, 1998.

[32]Doughty,C.&Williams. Focus on form in classroom second language acquisition[M]. Cambridge: Cambridge University Press, 1998.

[33]Ellis, R.. The study of second language acquisition[M] .Oxford: Oxford University Press,1994.

[34]Ellis, R.. Form-Focused instruction and second language learning[M]. Oxford UK: Blackwell Publishers, 2001.

[35]Ellis,R..The place of Grammar instruction in the second /foreign language curriculum[M]. In E.Hinkel and S.Fotos, New Perspectives on Grammar Teaching in Second Language Classrooms, New Hersey: Lawrence Erlbaum Associates,2002.

[36]Farrar, M.J..Discourse and the acquisition of grammatical morphemes[J]. Journal of Child Language,1990(17).

[37]Farrar, M.J..Negative evidence and grammatical morpheme acquisition[J]. Developmental Psychology,1992(28).

[38]Foster, P.. A classroom perspective on the negotiation of meaning[J]. Applied Linguistics, 1998(19).

[39]Garrett, N..Technology in the service of language learning: Trends and issues[J]. The Modern Language Journal, 1991(75).

[40]Gass,S.. Input, interaction, and the second language learner[M]. Mahwah, NJ: Erlbaum,1997.

[41]H.Douglas Brown.Teaching by Principles: An interactive approach to language pedagogy[M]. Beijing Foreign Language Teaching and Research Press, 2001.

[42]Hirsh-Pasek, K, et al.. Brown& Hanlon revisited: Mothers' sensitivity to ungrammatical forms[M]. In C. Doughty & J. Williams (Eds.), Focus on form in classroom second language acquisition(pp.15—41).Cambridge, UK: Cambridge University Press, 1994.

[43]Jack C.R..剑桥国际英语教程 [M].北京：外语教学与研究出版社 ,2007.

[44]Krashen, S.. Principles and practice in second language acquisition[M]. New York: Pergamon Press,1982.

[45]Krashen,S.. D.& Seliger, H.W.. The essential contributions of formal instruction in adult second language learning[J]. TESOL Quarterly ,1975(9).

[46]Larsen-Freeman,D.. Second language acquisition research: Staking out the territory[J]. TESOL Quarterly, 1991(25).

[47]Larsen-Freeman, D. &Long, M.(Eds.). An introduction to second language acquisition research[M] . New York: Longman,1991.

[48]Leeman, J.. Towards a new classification of input: An empirical study of the effect of recasts, negative evidence, and enhanced salience on L2 development[A]. Unpublished doctoral dissertation, Georgetown University, Washington, D C., 2000.

[49]Leow,R.. Attention, awareness, and foreign language behavior[J]. Language Learning, 1997.

[50]Leow,R.. A study of the role of awareness in foreign language behavior: Aware versus unaware learners[J]. Studies in Second Language Acquisition, 2000(22).

[51]Lightbrown,P.&Spada,N.. Focus on form and corrective feedback in communicative language teaching[J]. Studies in Second Language

Acquisition, 1990(12).

[52]Long, M.. The role of the linguistic environment in second language acquisition[M]. In W C. Ritchie & T. K. Bhatia(Eds.),Handbook of language acquisition: Vol.2.Second language acquisition.New York: Academic, 1996.

[53]Long, Michael. Task-based language teaching[M]. Oxford: Blackwell, 1991.

[54]Long, M.. A role for instruction in second language acquisition: Ask based language teaching[M]. In Hyltenstam and Pienemann(eds.), Modeling and Assessing Second Language Acquisition, Clevedon, Avon: Nultilingual Maters,1985.

[55]Long,M.,Inagaki,S.&Ortega,L.. The role of implicit negative feedback in 第二语言习得 : Models and recasts in Japanese and Spanish[J]. Modern Language Journal, 1998(82).

[56]Loschky,L.C.. The effects of negotiated interaction and premodified input on second language comprehension and retention(Occasional Papers N.16)[M]. Lukani,Y.M.(1972) Motivation to learn and learning proficiency. Language Learning, 1989(22).

[57]Lynons,J.. Introduction to theoretical linguistics[M]. Cambridge: Cambridge University Press,1968.

[58]Lyster, R.. Recasts, repetition and ambiguity in L2 classroom discourse[J]. Studies in Second Language Acquisition, 1998a.

[59]Lyster,R.. Negotiation of form,recast, and explicit correction in relation to error types and learner repair in immersion classrooms[J]. Language Learning, 1998b.

[60]Lyster,R. & Ranta, L.. Corrective feedback and learner uptake: Negotiation of form in communicative classrooms [J].Studies in Second Language Acquisition, 1997(19).

[61]Mackey, A., Gass, S. & McDough, K.. How do learners perceive implicit negative feedback?[J]. Studies in Second Language Acquisition, 2000(22).

[62]Mackey, A. & Philip, J.. Conversational interaction and second language development: Recasts, responses and red herrings?[J]. Modern Language Journal, 1998(82).

[63]Montgomery,C. &Eisenstein, M. Reality revisited: And experimental communicative course in ESL[J]. TESOL Quarterly, 1985.

[64]Nelson, K. E., Carskaddon, G.& Bonvillian, J.D.. Syntax acquisition: Impact of experimental variation in adult verbal interaction with the child[J]. Child Development, 1973(44).

[65]Nunan,D.. Methods in second language classroome research: A critical review[J]. Studies in Second Language Acquisition, 1991(13).

[66]Ohta, A.. Rethinking recasts: A learner-centered examination of corrective feedback in the Japanese classroom[M]. In J.K.Hall &L.Verplaeste (Eds.),The construction of second and foreign language learning through classroom interaction(pp.47—71). Mahwah, NJ: Erlbaum, 2000.

[67]Oliver, R.. Negative feedback in child NS-NNS conversations[J]. Studies in Second Language Acquisition, 1995(17).

[68]Oliver, R.. Age differences in negotiation and feedback in classroom and pair-work[J]. Language Learning,2000(50).

[69]Pienemann,M.. Is language teachable? Psycho-linguistic experiments and hypotheses[J]. Applied Linguistics, 1989(10).

[70]Pienemann,M.. Language processing and second language development: Processablility theory[M]. Amsterdam: Benjamins,1999.

[71]Richards,J.C.&Lockhart,C. 第二语言课堂的反思性教学 [M]. 人民教育出版社、外语教学与研究出版社、剑桥大学出版社，2000.

[72]Robinson,P.. Attention, memory,and the "noticing" hypothesis[J]. Language Learning , 1995(45).

[73]Robinson,P.. Individual differences,cognitive abilities,aptitude complexes,and learning conditions in second language acquisition[J].Second Language

Research , 2001(17).

[74]Saxton, M.. The contrast theory of negative input[J]. Journal of Child Language, 1997(24).

[75]Schumidt, R.. The role of consciousness in second language learning[J]. Applied Linguistics, 1990(11).

[76]Schwartz, B.. On explicit and negative data effecting and affecting competence and linguistic behavior[J]. Studies in Second Language Acquisition, 1993(15).

[77]Seedhouse, P.. The case of the missing "no" : The relationship between pedagogy and interaction[J]. Language Learning, 1997(47).

[78]Service, E. Phonology, working memory, and foreign language learning[J]. The Quarterly Journal of Experimental Psychology, 1992(45).

[79]Trahey,T. &White,L. Positive evidence and preemption in the second language classroom[J], Studies in Second Language Acquisition,1993.

[80]VanPatten,B.. Attending to form and content in the input[J]. Studies in Second Language Acquisition , 1990(12).

[81]VanPatten,B.. The foreign language classroom as a place to communicate[M]. In B. Freed(ed.), Foreign Language Acquisition Research and the Classroom (Series on Foreign Language Acquisition Research and Instruct), Lexington, Mass.: D.C.Heath,1991.

[82]Vygotsky,L.S.. Mind and society: The development of higher mental processes[M]. Cambridge, MA: Newbury house,1978.

[83]Willis,J.. A framework for task based learning[M]. Harlow: Longman,1996.

附　录

附录一：任务型口头测试题举例

任务型初级汉语口语（实验课）期中考试试题

一、朗读（20分）【学生抽签朗读，每组学生朗读相同内容。】

1、白　日　依　山　尽，
　Bái　rì　yī　shān　jìn,
　黄　河　入　海　流。
　Huáng hé　rù　hǎi　liú。
　欲　穷　千　里　目，
　Yù　qióng　qiān　lǐ　mù,
　更　上　一　层　楼。
　Gèng shàng　yì céng lóu。

2、红　豆　生　南　国，
　Hóng dòu　shēng nán guó,
　春　来　发　几　枝。
　Chūn lái　fā　jǐ　zhī。
　愿　君　多　采　撷，
　Yuàn jūn　duō cǎi xié,
　此　物　最　相　思。
　Cǐ　wù　zuì xiāng sī。

3、我　叫　_____，我　是　_____人，
　Wǒ jiào_____, wǒ shì_____ rén,
　我　在　北京　语言　大学　学习　汉语。
　Wǒ　zài Běijīng Yǔyán Dàxué xuéxí hànyǔ。
　汉语　有点儿　难，
　Hànyǔ yǒudiǎnr　nán,

可是　　学习　汉语　　很　　有意思。

kěshì　xuéxí　hànyǔ　hěn　yǒuyìsi。

4、我的　　　名字　叫 _____，

Wǒde　míngzi　jiào_____，

在　　北京　语言　大学　学习　　汉语　。

zài　Běijīng　Yǔyán　Dàxué　xuéxí　hànyǔ　。

听说　　　明天　　开始　学习　　汉语　，

Tīngshuō　míngtiān　kāishǐ　xuéxí　hànyǔ　，

而且　口语　　很难　，

érqiě　kǒuyǔ　hěnnán　，

我　　一定　　努力　，

wǒ　yídìng　nǔlì　，

欢迎　　　大家　　帮助　，

huānyíng　dàjiā　bāngzhù　，

谢谢　！

xièxie　！

二、回答问题

【学生两人一组共同完成，教师可适当提示】

1. 看图问答 Ask any questions you want according to the picture.（2mins）

名字　：马云

Míngzi：Mǎ　Yún

工作　：老板

Gōngzuò：Lǎobǎn

工作　地点　：www.alibaba.com

(workplace)

Gōngzuò　dìdiǎn

2、看图问答 Ask any questions you want according to the picture.（2mins）

鼠 shǔ 1948, 1960, 1972, 1984, 1996, 2008	牛 niú 1949, 1961, 1973, 1985, 1997, 2009	虎 hǔ 1950, 1962, 1974, 1986, 1998, 2010	兔 tù 1951, 1963, 1975, 1987, 1999, 2011
龙 lóng 1952, 1964, 1976, 1988, 2000____	蛇 shé 1953, 1965, 1977, 1989, 2001____	马 mǎ 1954, 1966, 1978, 1990, 2002____	羊 yáng 1955, 1967, 1979, 1991, 2003____
猴 hóu 1956, 1968, 1980, 1992, 2004____	鸡 jī 1957, 1969, 1981, 1993, 2005____	狗 gǒu 1958, 1970, 1982, 1994, 2006____	猪 zhū 1959, 1971, 1983, 1995, 2007____

周杰伦 1979 年
Zhōu Jiélún

李英爱 1971 年
Lǐ Yīng'ài

刘翔 1983 年
Liú Xiáng

比尔盖茨 1955 年
Bǐ'ěr Gàicí

3、说说这些东西是哪国的？ Discuss where these things from are, and what about your things.(2mins)

汽车 qìchē

手机 shǒujī

香水 xiāngshuǐ

电脑 diànnǎo

4、请通过问答描述一下这些人的特点。

Please ask and answer, discribe these persons' characteristics.

[提示：个子、头发、眼睛、 鼻子、胖／瘦……]

note: gèzi、 tóufa、 yǎnjing、 bízi、 pàng/shòu

5、请通过问答介绍这个家庭。

Please ask and answer according to the family photo.

爷爷	60 岁	老师	北京大学
奶奶	60 岁	大夫	北大医院
爸爸	33 岁	经理 jīnglǐ	北京书店
妈妈	30 岁	老师	北京小学
孩子	6 岁	小学生	北京小学

三、完成任务

【教师指定一个活动由学生完成，注意与第二个问题区分开】

任务一（6mins）

两人活动：你是一个记者，请你通过采访这位先生／小姐，得到他／她的相关信息，并完成下面的表格。

Pair work: Please interview your partner, and then fill in the form bellow.

名字 name míngzi	
国家 country guójiā	
家乡 hometown jiāxiāng	
年龄 age niánlíng	
出生年 birth year chūshēngnián	
属相 birth pet shǔxiàng	
电话号码 telephone number diànhuà hàomǎ	
房间号 room number fángjiān hào	

任务二（6mins）

说说你最喜欢的名人。

两人活动：跟朋友聊聊你最喜欢的一位名人，并完成下面的表格。

Task：Talk about your favorite famous person.

Pair work: Talk about your favorite famous person with your partner, and then fill the table bellow

名字 name míngzi		
工作 job gōngzuò		
国家 country guójiā		
年龄 age niánlíng		
外貌特征 appearance wàimào tèzhēng	个子 height gèzi	
	头发 hair tóufa	
	眼睛 eye yǎnjing	
	鼻子 nose bízi	
特点 characteristics Tèdiǎn	□聪明　　　□漂亮　　　□可爱　　□帅 cōngming　　piàoliang　　kě'ài　　shuài □丑　　　　□幽默　　　□笨 chǒu　　　　yōumò　　　bèn		

任务三（6mins）

第一次带男朋友／女朋友回家见爸爸妈妈。

两人活动：一个是妈妈，一个是男朋友／女朋友。妈妈和孩子的男朋友／女朋友聊天，聊男朋友／女朋友的情况，还有他／她爸爸妈妈的情况。

Task: You will take your boyfriend or girlfriend home the first time.

Pair work: A is the mother, B is the boyfriend/girlfriend. They are talking about the information about the boyfriend/girlfriend and his/her families.

名字 name míngzi				
年龄 age niánlíng				
家乡 hometown jiāxiāng				
工作 job gōngzuò				
家人 jiārén	年龄 niánlíng	工作 gōngzuò	工作地点 （work place） gōngzuò dìdiǎn	爱好（hobby） àihào

附录二：前期研究问卷

调查问卷

姓名：_____ 国家：_____ 班级：20 周____班（12 周_____班）

宿舍：_____ 电话/手机号码：_____

指导语：请在你认为符合你情况的选项上划√。

1. 你学习汉语多长时间了？ <u>2—3 个月</u> <u>半年</u> <u>1 年</u> <u>3—5 年</u>

2. 你的家人会说汉语吗？<u>会</u> <u>没有人会</u>

3. 你在家说汉语吗？ <u>常常说</u> <u>不常说</u> <u>从来不说</u>

4. 在北京，有没有常常跟你聊天儿的中国朋友？ <u>有</u> <u>没有</u>

5. 跟中国朋友聊天的时候，谁常常提问题？ <u>我</u> <u>中国朋友</u>

6. 跟中国人聊天儿的时候，中国人常常改正你的错误吗？

① 有错误就改正。

② 改正我重要的错误。

③ 只有我问他"对不对"时才改正我的错误。

④ 从来不改正我的错误。

7. 你的中国朋友最经常改正你哪个方面的错误？

<u>语音（声母、韵母）</u> <u>声调</u> <u>词语</u> <u>语法</u>
其他 _____

8. 在与中国人聊天的时候，你希望中国人改正你哪些方面的错误？

① 希望纠正语音、词汇、语法方面的语言错误。

② 希望纠正语言使用方面的错误。

③ 希望纠正我不合中国文化和中国人思考方式的错误。

当你说的句子有错误时你希望中国人怎样改正你的错误？

① 停下来，告诉我这句话错了和为什么错了，还要告诉我正确的句子怎么说。

② 停下来，告诉我这句话错了，但不用说为什么错了，只告诉我正确的句子形式。

③ 不停下来，一边说一边告诉我正确的句子是什么就可以了。

④ 不停下来，只重复我说错的句子，让我自己改正。

⑤ 不停下来，说完所有的话以后，告诉我哪说错了、为什么错，以及正确的句子是什么。

〈注〉：

（1）此调查问卷包含中英文两种；

（2）问卷调查在前期实验中完成，比正式实验早半个月左右；

（3）被试为北京语言大学参加本项实验研究的部分被试，共计 30 名。

附录三：前期问卷数据

1. 学习汉语时间：

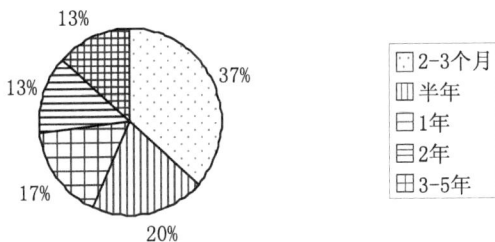

NNS 汉语学习时间情况

2. 家人会说汉语比率约占 20%。

3. 被调查者在家说汉语情况：

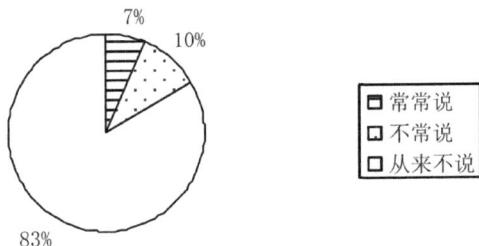

NNS 在家说汉语情况

4. 85% 的学习者有常常一起聊天的中国朋友。

5. 在聊天过程中，约有 55% 的机会是 NNS 提问。

6. 跟中国人聊天时，中国人的纠错情况：

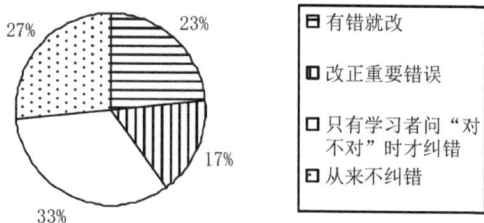

图例
⊟ 有错就改
▣ 改正重要错误
☐ 只有学习者问"对不对"时才纠错
⊡ 从来不纠错

NS 纠正情况

7. NS 纠正语言要素的情况：

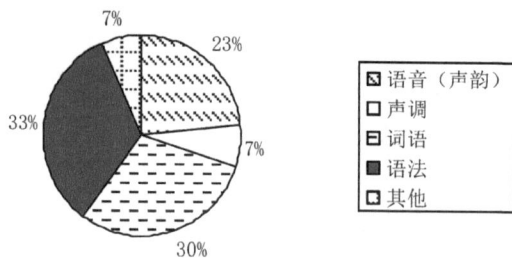

图例
⊠ 语音（声韵）
☐ 声调
⊟ 词语
■ 语法
⊡ 其他

NS 纠正语言要素情况

8. NNS 希望中国人纠正哪些方面的错误：

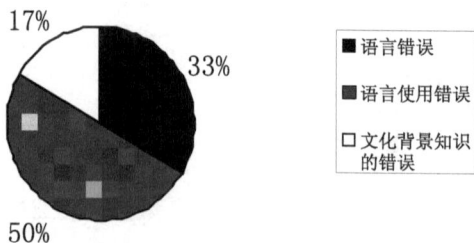

图例
■ 语言错误
▨ 语言使用错误
☐ 文化背景知识的错误

NNS 希望获得的纠错情况

9. NNS 喜欢的纠错方式

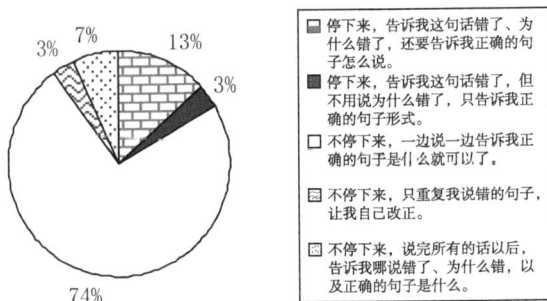

NNS 喜欢的纠错方式

附录四： 修正性回忆、调整性回忆和没有回忆举例

（1）修正性回忆

NNS：昨天你做什么？

NS： 昨天上午我上课，然后，中午跟朋友一起去吃饭。

NNS：吃饭哪儿？（偏误）

NS： 你问我在哪儿吃饭吗？（重述及刺激）

NNS：对，……在哪儿吃饭？（X）

（2）调整性回忆

NS： "粥"，你去过吗？

NNS： 那个饭馆儿……，去过跟布迪和李大力，也英国人。（偏误）

NS： 哦，你跟布迪和李大力，还有一个英国同学一起去的吗？（重述及刺激）

NNS： 是，我跟布迪，和李大力，和英国同学一起去。（T）

（3）没有回忆

NNS： 老板说他，面汤不要钱。（偏误）

NS： 老板对他说，面汤不要钱，是吗？（重述及刺激）

NNS：饿人说，买一碗面汤。（M）（偏误）

NS：那个很饿的人对老板说，来一碗面汤？（重述及刺激）

NNS：对，那个饿人说买一碗面汤。（M）

附录五：前期实验数据

我们在所有被试中从不同的学习等级随机抽取 A、B、C、D 班学习者各一位（暂命名为 A、B、C、D）进行了前期的实验。前期实验没有进行互动提示单的任务。除热身练习外，还包含了两项图画任务：一是完成图画故事任务，同上文；二是画图任务，即 NS 将连环画中的一幅藏起来，将其它三幅呈现给被试，要求被试根据三幅画的信息，通过提问，补充第四幅画的内容，并基本画出示意图。NS 提供重述和测量注意度的方法同实验设计。

我们对录音材料进行了转写，并对数据进行了初步整理，重述情况如下表：

前期实验中不同学习等级学习者获得的重述情况

被试	重述（个）	平均重述长度（音节数）	更改项目（重述 VS 初始话语）		
			1	2–3	≥ 4
A	14	4	8	5	1
B	10	5	4	4	2
C	10	7	5	3	2
D	8	10	3	1	4

对前期实验的录音转写和数据分析的过程中我们发现，NS 提供的重述具有如下几个特点：

（1）随着学习者学习等级的提高，NS 提供重述的数量呈递减的趋势。据此我们可以提出假设，学习等级越高，则发生的偏误越少，因此重述也越少。

（2）NS 提供给四位学习者的平均重述长度为 4—10 个，因此，我们假设以 6—7 个音节的重述为基本点，小于此音节数的重述为短的重述，长于此音节数的重述为长的重述。但是，我们也发现一个问题，就是学习者互动过程中，多采用回避策略，即使高学习水平的被试也趋向于使用较低水平的语言形式。因此，我们在实验设计中增加了问题提示单任务，以此来扩展学习者使用语言形式的范围，并对 NS 会话者进行了培训，针对不同发展阶段的学习者提供不同难度的任务。

（3）跟重述的长度有关，我们发现，NS 提供给不同被试的重述与初始话语的差异程度多为 1 个语言项目。而差异度为 4 个项目的重述，随着被试学习等级的增加，其数量也呈现增加的趋势。这与重述的长度存在着基本一致的关系。

（4）B、C 两个水平的被试所接受的重述特点基本一致，这也说明，二者产生的偏误数量存在着基本一致的特点。因此，我们将处于 B、C 两个学习等级上的被试合并为中级阶段。

附录六：互动提示单

序号	提示性问题
1	问 NS 名字、年龄、工作
2	问 NS 家庭的情况
3	问 NS 爱好及原因
4	问 NS 对 R&B 和 Rap 的看法
5	问 NS 昨天做的事情
6	问 NS 最喜欢的饮料
7	问 NS 对北京的环境、交通的看法
8	问 NS 的理想
9	问 NS 旅行的情况及对旅行的看法
10	猜猜 NS 现在最想做什么

附录七：不同水平组间对重述正确回忆频次的单因素方差分析

不同水平组对正确回忆频次的单因素方差分析

修正性回忆

			Sum of Squares	df	Mean Square	F	Sig.
Between Groups	(Combined)		444.311	2	222.156	35.613	0.000
	Linear	Contrast	410.700	1	410.700	65.837	0.000
	Term	Deviation	33.611	1	33.611	5.388	0.25
Within Groups			262.000	42	6.238		
Total			706.311	44			

不同组之间关于修正性回忆频次的多项对比

Dependent Variable: 修正性回忆

Dunnett C

(1) 水平	（J）水平	Mean Diffrence(I–J)	Std. Error	95% Confidence Interval	
				Lower Boud	Upper Bound
高级水平	中级水平	5.5 333*	0.9 120	2.8 626	8.2 041
	初级水平	7.4 000*	0.9 120	4.6 356	10.1 644
中级水平	高级水平	−5.5 333*	0.9 120	−8.2 041	−2.8 626
	初级水平	1.8 667*	0.9 120	−10.1 644	−4.6 356
初级水平	高级水平	−7.4 000*	0.9 120	−10.1 644	−4.6 356
	中级水平	−1.8 667*	0.9 120	−3.3 892	−3.441

The mean difference is significant at the 05 level.

附录八：重述长度对正确回忆频次的配对 T 检验

重述长度对正确回忆频次的配对 T 检验

		Paired Differences							
		Mean	Std. Deviation	Std.Error Mean	95% Confidence Interval of the Difference		t	df	Sig. (2–tailed)
					Lorwer	Upper			
Pair1	长重述 – 重述	−.7 778	1.5 505	.2 311	−1.2 436	−.3 120	−3.365	44	.002

附录九：教学任务

任务一：简单介绍一个人

序号	语言形式
任务一：简单介绍一个人的个人情况（姓名、国家、年龄、爱好……）	
1	sb 姓 +surname，叫 + name。
2	sb 是 + country + 人 sb 来自 + country。在 sb's country，sb 是 +job。
3	今年 sb + age + 岁。
4	sb 喜欢 / 爱好 +hobby。
5	sb 住在 +num+ 号楼，num 号房间。
6	sb 是……（北京语言大学汉语速成学院）班的学生。
功能	简要介绍一个人的情况，学习者可以有选择地介绍上述主题。
教学安排	开课两个星期以后，学习者经过了语音阶段，学会了一些简单交际，教师用任务引导学习者将零散话语形成一大段话，完成一项独立任务，帮助学习者建立起学好汉语的信心。同时，通过一些可能出现的新词，复习巩固拼音。
使用指导	1 教师示范，可将上述形式连成一段话，以"……"形式板书。 2 教师就示范向全班提问，考察学习者掌握情况。 3 给出图片和相关提示，学习者一起介绍图片上的人物。 4 分组完成任务，4 人一组，互相介绍自己。 5 抽取部分学生到前边介绍自己和本组成员情况，其他人可适时提问。 6 教师提供重述反馈。

任务二：介绍家庭情况

序号	语言形式
任务二：介绍家庭情况（家庭成员、工作、爱好……）	
1	sb 家有 +num+ 口人。（sb 家有几口人？）

2	sb 家有 +……（爸爸、妈妈、哥哥、弟弟、姐姐、妹妹、儿子、女儿、太太）。（sb 家都有什么人？）
序号	语言形式
3	今年 sb + age + 岁。（sb 多大年纪了？ sb 多大了？ sb 几岁了？）
4	sb 爱好 / 喜欢……（读书 / 运动 / 交朋友 / 看电视）（sb 喜欢 / 爱好什么？）
5	sb 住在 + country + city。（sb 住在哪儿？）
6	sb 是 + job（职员 / 经理 / 老师 / 医生……），在……（公司 / 学校 / 医院）工作。（sb 做什么工作？ / 在哪儿工作？）
功能	介绍一个家庭的简要情况，包括家庭成员及其工作、爱好、所住城市等，并能够就上述情况发问。
教学安排	开课第 3—4 个星期，引导学习者通过发问获得信息，然后运用成段表达的方法将所得信息组合介绍给大家。教师应注意强调成段表达中的重复问题。比如："我家有三口人，我家有爸爸、妈妈和我。我爸爸……，我妈妈……"教师应提示学习者注意"我"的省略。
使用指导	1 教师示范，先请一位学习者进行问答。教师问，学生答。 2 教师就该学生家庭情况提问，全班回答。 3 请全班同学参考板书，成段介绍该生家庭状况。 4 给图片（成龙家庭照），学生两人一组，就图片内容和教师提示通过问答获得信息，介绍成龙的家庭情况。学习者可以根据自己的猜测回答问题。 5 教师请每组向大家展示，并就偏误提供重述反馈。 6 作业：学习者介绍自己的家庭情况，并于下一次上课之前向全班展示。

任务三：描述班级情况

任务三：介绍班级情况（班级名称、有多少同学、老师；教室；上课情况……）	
序号	语言形式
1	sb 在……班。
2	sb 的班在……楼……教室。
3	sb 的教室 +degree（不太 / 比较 / 很 / 非常）+adj（大 / 小 / 漂亮……）。
4	sb 的班有 +num+ 个学生，包括 +……countrys。
5	num 位老师教……。Surname+ 老师教……，……。
6	每天，sb 从 +time1 到 +time2 上课。sb 的课比较忙 / 累，可是 / 不过……。

续表

功能	介绍集体情况
教学 安排	第 5 个星期以后，学习者能够用汉语描述某人或某项事物的程度及情况，表达自己的感觉，并逐渐了解并习惯自己的班级和学习生活。因此，安排学生采访别的班的留学生的班级和学习情况，然后通过分组讨论向全班介绍。
使用 指导	1　在完成课文和形式操练后，教师以家庭作业的形式将任务布置给学生。 2　第 3 课时开始，首先教师引导本班学生介绍自己班级的状况。 3　分组讨论自己的采访结果。 4　教师随机选择若干学生上前介绍自己的采访结果。 5　其他学生听，并就其发言提问。 6　教师提供重述反馈。

任务四：介绍某处环境

任务四：介绍某处环境或某物位置	
序号	语言形式
1	这是 place 的……（平面图 / 地图 / 图片）。
1	place 里边有 A、B、C……和 N。
2	place1 在 Place2+ 东 / 南 / 西 / 北边（面）。
3	place 附近有很多……（N：商店、咖啡店、网吧……），所以 VP（买东西、跟朋友喝咖啡、上网……）很方便 / 不成问题……。
4	place+Location（前 / 南……）是 +……（num+M）N。
5	NP1 在 NP2 和 NP3 的中间。
功能	介绍某处环境或描述某物位置
教学 安排	教学第 6–7 个星期，学习者应学会使用方位词，并用含有方位词的语言形式描述位置。
使用 指导	1　教师提前布置作业，让学习者看地图介绍北京故宫周围环境、介绍自己国家周边环境、描述一张家庭照片。（学生可以任选其一完成） 2　上课时，教师首先发给每组学生学校平面图，并带领学习者用成段话语介绍学校教学区基本情况，以达到示范目的。 3　学习者分组讨论自己的作业任务。 4　每项任务教师选 1–2 名代表上台向大家描述，其他学习者可以就其描述情况发问。 5　教师就其偏误提供重述反馈。

任务五：介绍时间安排

序号	语言形式
任务五: 采访一个留学生在北京的一天（非周末），并比较一下儿跟他在自己国家的一天有什么不同。	
1	A 跟 B+degree（不太 / 很 / 非常 / 完全）一样 / 不一样。
2	在 +city，sb 每天的生活 +……（忙 / 累 / 清闲 / 自由 / 有意思）。
3	每天从 time1 到 time2+do sth1。其间，……（10 点 / 休息……）的时候，可以 +do sth2。
4	time/sth 以后，……跟……一起 +do sth。
5	……的时候，自己一个人 +do sth。
6	sb 特别喜欢……，所以常常一边 +do sth1，一边 +do sth2。
7	sb1 常常 / 不常 给 sb2 打电话。
8	sb1 跟 sb2 聊天儿。
功能	描述在特定时间做的事情。
教学安排	教学第 8 周，学习者已经渐渐习惯了在北京的生活。因此，可以要求学习者通过采访其他留学生，互相比较各自的生活、与自己国家的差异。
使用指导	1 教师提前布置任务，请留学生采访其他班或其他学校的留学生朋友或中国人，就其平常一天的生活进行问答。 2 上课时，教师首先跟一个学生进行问答；然后组成陈述体语段；最后对全班同学进行问答，了解他们的生活跟这位同学的生活是否一致，有什么差别。 3 学生分组介绍各自的采访结果，然后每组派代表向全班汇报。 4 其他同学可就其发言内容提问，教师就偏误提供重述反馈。

任务六：完成关于吃的话题

任务六：吃在北京（菜的味道、特点、价钱、环境、服务……）	
序号	语言形式
1	在 place/city，do sth（吃饭 / 买东西 / 交朋友）……不成问题，因为这里 / 那里到处都是 / 有……（饭馆儿 / 商店 / 咖啡厅），所以很方便。
2	……菜，酸的、甜的、苦的、辣的都有，不过以 taste 的菜为主。
3	……人（北京人 / 意大利人）最喜欢……菜，因为……。不过我觉得……
4	sb/sth + adj1 是 adj1，不过有点儿 / 太 + adj2。
5	A、B、C 都喜欢 / 不喜欢，就是不喜欢 / 喜欢 D。
6	sb1 请 sb2 的课。
7	在 place do sth 价钱很贵 / 便宜 / 是免费的。
功能	互相就吃的话题展开讨论
教学安排	教学第 9 周，学习者开始接触中国文化，而首先是吃文化。话题可围绕北京菜、北京饭馆或留学生本人最喜欢的饮食文化展开。鉴于混合班的特点，我们请不同国家的留学生介绍各自国家的饮食文化特点。
使用指导	1 教师带领学习者集体讨论北京菜的特点及在北京吃饭的体验。 2 学生按国籍分组，或按比较接近的饮食文化分组，集体探讨本国 / 地域食品的特点，然后到前边向大家介绍。 3 其他组可就其发言内容提问或补充。 4 教师提供重述反馈。

任务七：介绍交通及去某地方法

序号	任务七：介绍一下如何去某地
	语言形式
1	从 place1 出发，去 place2，……（走路 / 骑车 / 坐公共汽车 / 坐地铁 / 自己开车）+ <u>time</u>（时段）+ 就 / 才能到。
2	从 place1 一直往前走，到第 N 个……（十字）路口往……拐，再一直往……走，place2 就在……（左 / 右手边，路东 / 西 / 南 / 北……）。
3	要去 place1，可以在 place2 坐 N1 路公共汽车，到 place3 站下车，换乘 / 倒 N2 路公共汽车，到 N3 站下车就到了。
4	先从……坐城铁，到西直门 / 东直门换二线 / 环线地铁，然后到复兴门 / 建国门再换乘一线 / 直线地铁，到……站出地铁 A/B/C/D 口就到 place 了。
功能	介绍去某地路线
教学安排	教学第 10 周，要求学习者结合在北京的生活经验，介绍：1）其最喜欢去的地方，为什么，以及怎样去。2）看地图或路线图，找出去某地最快捷方便的路线，并介绍给别人。（学生可以任选其一完成任务）
使用指导	1 根据校园平面图，教师要求学生两人一组合作完成任务。 2 学生根据地图和公交路线图，分组找出去某地最快当路线和方法。第一个发言并表述正确的组赢。 3 学生四人一组，介绍各自最喜欢去的地方及原因，还要告诉大家去那个地方的交通怎么样，以及怎样去最方便、快捷。

任务八：介绍某个时间点某人正在做的事情

序号	任务八：介绍过去的某个时间点某人正在做某事
	语言形式
1	time（以前的某个时间点），sb 正在 / 在 + do sth（呢）。
2	……的时候，sb 正在跟……一起 + do sth（呢）。
3	……的时候，sb 正在一边……一边……。
4	time（未来某个时间点），sb 可能正在……（呢）。
5	sb1……的时候，sb2 正在……。
功能	介绍某时间点某人正在做的事情
教学安排	教学第 11—12 周。这一交际任务包含的语言形式要点不多，但是要在不同的语言环境下正确使用却并非易事。因此，教师为学习者设置了不同的语言环境，包括过去、现在、未来三种语境。
使用指导	1　教师结合课堂上的情况，就某人正在做某事提问。 2　两人一组，设想一下自己的家人或朋友此刻正在做什么，然后向全班汇报。 3　讨论一下昨天晚上从 8 点到睡觉前两个人做的事情有什么不同。 4　四人一组，设想一下 30 年后的今天，我们班的同学和老师可能正在做什么呢？然后向全班汇报。 5　教师根据情况提供重述反馈。

任务九：对未来的计划和打算

序号	任务九：对未来的计划和打算
	语言形式
1	时间过得真快，sb 来 / 去 place 已经 +time（时段）了。
2	future time (sb) 就要 + do sth 了。
3	sb 在 place 过得 + 不错 / 很好 / 好极了，因为……
4	虽然……，但是……。
5	从 place1 到 place2+ 得 + 走 / 坐 + 多长时间的 + 路 / 车 / 飞机？
6	sb 怎么 time 就 / 才 +do sth？
7	等了 sb 半天了
8	因为路上堵车了，所以……（迟到了 / 来晚了 / 开车开了很长时间）。

序号	语言形式
9	V 了 + 多长时间 + object 了
10	他学了 +time（时段）+ ……了，所以他……V 得很不错。
11	哪里哪里，还差得远呢!
12	……以后，sb 打算先……，再……，然后……。
功能	总结目前的生活，为以后的生活做打算。
教学安排	教学第 13—14 周，模仿课文，做一个小短剧。四人一组，背景为在北语毕业前夕，四人在酒吧互相道别。
使用指导	1　熟悉课文的基础上，教师布置任务，学习者提前做好准备，每组表演时间限制在 10 分钟左右。 2　学习者表演后，其他学生可以自由提问。 3　教师就表演中出现的形式错误提供重述反馈。

任务十：季节 / 天气相关话题

任务十：介绍一种地区 / 国家的季节和天气，以及人们的生活	
序号	语言形式
1	春天了，天气……了，树叶……了，花……了，人们……了。
2	A 比 B + adj + degree（得多 / 一点儿）
3	我想 +do sth，你说是……好还是……好?
4	天气预报说，最近的天气……
5	place 一年有 +num+ 个季节，是……。春季比较……，夏季比较……，秋季比较……，冬季比较……。
功能	讨论各国天气及季节情况
教学安排	教学第 15—16 周，学习者描述各自国家的季节和天气情况，并简要介绍一下不同季节人们的生活状况。
使用指导	1　首先教师引导学习者介绍中国的天气特点。 2　学习者按国籍分组，介绍自己国家的天气和生活方式，然后不同国家的学习者相互介绍。

任务十一：谈运动

任务十一：介绍某人 / 某国最喜欢的运动及原因	
序号	语言形式
1	sb 会 + sports（游泳 / 打篮球），而且 / 不过 +V 得 +degree+adj（很好 / 不错 / 不怎么样）。
2	我真羡慕你，因为……
3	sb 会一点儿……，不过 V 得不怎么样。
4	time+ 电视里 / 网上有 A 队对 B 队的……比赛。
5	sb 最喜欢 +country 的……队，因为他是……迷。
6	一到 +time，就 do sth。
功能	讨论喜欢的运动项目及原因
教学安排	教学第 17—18 周，就某人或某个国家最喜欢的运动及其原因展开讨论。
使用指导	1 四人一组探讨各自最喜欢的运动，要求介绍：最喜欢什么运动、从什么时候开始喜欢的、为什么喜欢等。 2 按国家介绍自己国家的人最喜欢或最擅长的运动。 3 教师就发言和讨论情况提供重述反馈。

任务十二：综合交际任务：介绍一个人

任务十二：任意采访一个人，然后向大家介绍这个人的综合情况	
序号	分支主题
1	个人基本状况：姓名、国籍、年龄、住址
2	兴趣、爱好
3	工作状况
4	这个人的日常生活状况
5	家庭状况
6	对未来的计划
功能	考察学习者综合交际技能

续表

教学安排	教学第 19—20 周，通过生生问答和演讲考察学习者以形式为中心的表达。
使用指导	1 学习者两人一组，通过提问获得对方要介绍的人的信息。 2 学习者交互介绍各自要介绍的人，并向全班演讲，另外一个人可以进行补充，其他学习者也可就自己感兴趣的话题进行提问。 3 教师适时提供重述反馈。

附录十：口头测试任务

测试题目一：个人陈述测试

测试一：介绍家庭情况	
序号	语言形式
1	sb 家有 +num+ 口人。（sb 家有几口人？）
2	sb 家有 +……（爸爸、妈妈、哥哥、弟弟、姐姐、妹妹、儿子、女儿、太太）。（sb 家都有什么人？）
3	今年 sb + age + 岁。（sb 多大年纪了？ sb 多大了？ sb 几岁了？）
4	sb 爱好 / 喜欢……（读书 / 运动 / 交朋友 / 看电视）（sb 喜欢 / 爱好什么？）
5	sb 住在 + country + city。（sb 住在哪儿？）
6	sb 是 + job（职员 / 经理 / 老师 / 医生……），在……（公司 / 学校 / 医院）工作。（sb 做什么工作？ / 在哪儿工作？）
测试方法	学习者之间相互采访，然后向全班同学介绍对方的家庭情况。

测试题目二：看图说话测试

测试二：介绍某处环境或某物位置	
序号	语言形式
1	这是 place 的……（平面图 / 地图 / 图片）。
2	place 里边有 A、B、C……和 N。
3	place1 在 place2+ 东 / 南 / 西 / 北边（面）。

续表

序号	语言形式
4	place 附近有很多……（N：商店、咖啡店、网吧），所以 VP（买东西、跟朋友喝咖啡、上网）很方便 / 不成问题……。
5	place+location（前 / 南……）是 +……（num+M）N。
6	NP1 在 NP2 和 NP3 的中间。
测试方法	学习者看地图介绍北京故宫周围环境、介绍自己国家周边环境、描述一张家庭照片。（学生可以任选其一完成）

测试题目三：对话体测试

测试三：对未来的计划和打算	
序号	语言形式
1	时间过得真快，sb 来 / 去 place 已经 +time（时段）了。
2	future time (sb) 就要 + do sth 了。
3	sb 在 place 过得 + 不错 / 很好 / 好极了，因为……
4	虽然……，但是……。
5	从 place1 到 place2+ 得 + 走 / 坐 + 多长时间的 + 路 / 车 / 飞机？
6	sb 怎么 time 就 / 才 +do sth？
7	等了 sb 半天了。
8	因为路上堵车了，所以……。（迟到了 / 来晚了 / 开车开了很长时间）
9	V 了 + 多长时间 + object 了
10	他学了 +time（时段）+ ……了，所以他……V 得很不错。
11	哪里哪里，还差得远呢！
12	……以后，sb 打算先……，再……，然后……。
测试方法	做一个小短剧。四人一组，背景为在北语毕业前夕，四人在酒吧互相道别。

测试题目四：综合表达测试

测试题目四：任意采访一个人	
序号	分支主题
1	个人基本状况：姓名、国籍、年龄、住址
2	兴趣、爱好
3	工作状况
4	这个人的日常生活状况
5	家庭状况
6	对未来的计划
测试方法	要求学习者能综合使用之前掌握的各语言形式完成这项综合交际任务，通过生生互动问答，了解对方要介绍的人的情况，然后进行介绍。

附录十一：调查问卷

▍学习者基本情况调查问卷：

国籍：_____　　　性别：_____

第一语言：_____　　出生年月：_____

1. 你为什么学习汉语？

　　A. 我想在中国学习，研究中国文化、历史等方面。

　　B. 我想在中国工作。

　　C. 学习汉语能帮助我在自己的国家找到更好的工作。

　　D. 我想在中国旅行 / 玩儿。

　　E. 其他 _____

2. 你希望经过 A 班的学习，达到什么样的汉语水平？

　　A. 能跟中国人进行简单的聊天。

　　B. 能看懂简单的中文文章。

　　C. 参加 HSK 考试能达到 3—4 级。

　　D. 其他：_____

3. 对你现有汉语水平的评价

	非常好	一般	不太好	一点儿也不好
A. 读的能力	1	2	3	4
B. 写的能力	1	2	3	4
C. 自己说的能力	1	2	3	4
D. 听的能力	1	2	3	4
E. 问问题的能力	1	2	3	4
F. 会话能力	1	2	3	4

II 学习者对教学模式及已有汉语水平评价问卷

国籍：＿＿＿＿＿＿＿　　　　性别：＿＿＿＿＿＿＿

第一语言：＿＿＿＿＿＿　　　出生年月：＿＿＿＿＿＿＿

1. 刚来北京的时候，你希望经过 A 班的学习，达到什么样的汉语水平？

   A. 能跟中国人进行简单的聊天。

   B. 能看懂简单的中文文章。

   C. 参加 HSK 考试能达到 3—4 级。

   D. 其他：＿＿＿＿＿＿＿＿＿＿＿＿＿＿＿＿＿＿＿＿

2. 对你现有汉语水平的评价

	非常好	一般	不太好	一点儿也不好
A. 读的能力	1	2	3	4
B. 写的能力	1	2	3	4
C. 自己说的能力	1	2	3	4
D. 听的能力	1	2	3	4
E. 问问题的能力	1	2	3	4
F. 会话能力	1	2	3	4

3. 请评价一下下列各项教学活动对你的帮助程度。

	非常有帮助	比较有帮助	帮助不大	完全没有帮助
A. 讲解生词	1	2	3	4
B. 讲解语法	1	2	3	4
C. 操练句型	1	2	3	4
D. 教师反馈	1	2	3	4
E. 个人报告	1	2	3	4
F. 复述课文	1	2	3	4
G. 背诵课文	1	2	3	4

4. 请评价下列讲解生词的教学方法的有效性。

	非常有效	比较有效	不太有效	完全没有效果
A. 学生自学	1	2	3	4
B. 扩展	1	2	3	4
C. 师生问答	1	2	3	4
D. 造句子	1	2	3	4

5. 请评价下列语言要素的重要性。

	非常重要	比较重要	不太重要	不重要
A. 词汇	1	2	3	4
B. 语法	1	2	3	4
C. 句型	1	2	3	4
D. 语音	1	2	3	4

6. 关于会话，请评价下列要素的重要性。

	非常重要	比较重要	不太重要	不重要
A. 提问	1	2	3	4
B. 陈述	1	2	3	4
C. 关联	1	2	3	4
D. 转移话题	1	2	3	4

7. 请评价一下在会话中，纠错方法的有效性。

A. 直接纠错

非常有效　比较有效　不太有效　完全没有效果

B. 重复偏误，引导学生自己纠错

非常有效　比较有效　不太有效　完全没有效果

C. 重述

非常有效　比较有效　不太有效　完全没有效果

D. 问答引导

非常有效　比较有效　不太有效　完全没有效果